本书为教育部2020年度高校思想政治理论课教师研究专项一般项目（项目编号： 20JDSZK104）的阶段性成果

新时代思想政治教育丛书

大学生社会主义核心价值观教育机制创新研究

陈臣 著

天津出版传媒集团

天津人民出版社

图书在版编目(ＣＩＰ)数据

大学生社会主义核心价值观教育机制创新研究 / 陈
臣著. -- 天津：天津人民出版社, 2023.9
（新时代思想政治教育丛书）
ISBN 978-7-201-19831-6

Ⅰ.①大… Ⅱ.①陈… Ⅲ.①大学生—社会主义核心
价值观—教学研究—中国 Ⅳ.①G641

中国国家版本馆 CIP 数据核字(2023)第 181121 号

大学生社会主义核心价值观教育机制创新研究
DAXUESHENG SHEHUIZHUYI HEXIN JIAZHIGUAN JIAOYU JIZHI CHUANGXIN YANJIU

出　　版	天津人民出版社
出 版 人	刘　庆
地　　址	天津市和平区西康路35号康岳大厦
邮政编码	300051
邮购电话	（022）23332469
电子信箱	reader@tjrmcbs.com
责任编辑	郭雨莹
装帧设计	汤　磊
印　　刷	天津新华印务有限公司
经　　销	新华书店
开　　本	710毫米×1000毫米 1/16
印　　张	14.75
插　　页	2
字　　数	210千字
版次印次	2023年9月第1版　2023年9月第1次印刷
定　　价	89.00元

前　言

　　高校是学习、宣传社会主义核心价值观的重要阵地，大学生是宝贵的人才资源，抓好人生关键时期的社会主义核心价值观教育非常重要。创新大学生社会主义核心价值观教育机制，既有重要的理论意义，也是当前的重大现实任务。大学生社会主义核心价值观教育机制创新既有价值观理论、马克思主义关于青年教育的理论和中国化马克思主义关于青年教育的思想作为理论基础，也有教育优先发展战略的坚持、立德树人根本任务的落实、教育领域综合改革的深化作为现实基础。同时，还可以在中华优秀传统道德教育和世界有益文明成果的启示中汲取宝贵经验。

　　创新大学生社会主义核心价值观教育机制，是提高人才培养质量、抓好意识形态工作、加强大学文化建设的需要。通过分析大学生社会主义核心价值观教育的现状，找出如机制要素组成有待完善、机制结构联系略显松散、机制功能定位亟待明确、机制运行动力尚需增强、机制演进发展相对缓慢等大学生社会主义核心价值观教育机制创新存在的问题。这主要是由于教育意识略显保守、教育理念相对落后、教育方式有待丰富、教育环境稍显复杂、教育机制较为无序等原因影响和制约了大学生社会主义核心价值观教育机制创新。

要通过创新校园媒体宣传机制、校园舆情引导机制、校园网络管理机制来创新宣传舆论机制；通过创新思政课程教育机制、人文课程教育机制、专业课程教育机制来创新课堂教学机制；通过创新实践基地活动机制、社会调研活动机制、志愿公益活动机制来创新实践养成机制；通过创新校园物质文化建设机制、校园精神文化建设机制、校园制度文化建设机制来创新校园文化建设机制，增强大学生社会主义核心价值观教育长效性。

健全大学生社会主义核心价值观教育机制创新的考评监督体系，要健全深入考查机制、优化全面核实机制、完善科学评价机制等考评机制，健全自我监督机制、优化舆论监督机制、完善职能部门监督机制等监督机制，健全经济保障机制、优化组织保障机制、完善法治保障机制等保障机制，将社会主义核心价值观通过机制的中介和实践的路径而现实化、具体化，使机制的外在约束力不断内化为大学生的自觉实践。

目录
CONTENTS

引　言

2022 年 10 月，党的二十大报告指出："社会主义核心价值观是凝聚人心、汇聚民力的强大力量。"①教育是民族振兴、社会进步的重要基石。全面贯彻党的教育方针，紧紧围绕立德树人根本任务，高校要将培育和践行社会主义核心价值观融入教育教学全过程。在中国共产党领导下做好大学生社会主义核心价值观教育工作，创新大学生社会主义核心价值观教育机制，是新时代背景下高校面临的一项十分紧迫且非常艰巨的现实任务。

一、研究背景及意义

关于大学生社会主义核心价值观教育机制创新的研究，有其相应的国际和国内环境。特别是党的十八大以来，这一中国特色社会主义的铸魂工程愈来愈得到广泛关注。新时代背景下，大学生社会主义核心价值观教育机制创新研究有着重要的理论价值和重大的现实意义。

---

① 习近平：《高举中国特色社会主义伟大旗帜　为全面建设社会主义现代化国家而团结奋斗——在中国共产党第二十次全国代表大会上的报告》，人民出版社，2022 年，第 44 页。

大学生社会主义核心价值观教育机制创新研究

（一）研究背景

2012 年 11 月，党的十八大提出"倡导富强、民主、文明、和谐，倡导自由、平等、公正、法治，倡导爱国、敬业、诚信、友善"[①]的社会主义核心价值观，成为彰显时代精神、凝结时代价值、汇聚社会共识的最大公约数，鲜明确立了当代中国的核心价值理念。2018 年 3 月，十三届全国人大一次会议通过宪法修正案，其内容之一即是在第二十四条内容中增加"国家倡导社会主义核心价值观"[②]，使其上升为国家意志，彰显了社会主义核心价值观凝聚人心、汇聚民力的强大精神力量。

社会主义核心价值观有多重要，社会主义核心价值观教育就有多重要。高校是学习、宣传社会主义核心价值观的重要阵地，大学生是国家十分宝贵的人才资源，也是祖国的未来和民族的希望，他们正处在世界观、人生观、价值观形成和确立的重要时期，做好社会主义核心价值观的教育工作对高校来说就显得特别重要。机制是通过规定人们的权利和义务以规范人们的行为、调整人们之间关系的规则体系，具有约束、导向和激励等功能。因此，创新社会主义核心价值观教育机制，引领大学生成为德智体美劳全面发展的社会主义建设者和接班人，是当前面临的重要理论课题和重大现实任务。

（二）理论意义

研究大学生社会主义核心价值观教育机制创新，有利于增强理论自觉和理论自信，有利于社会主义意识形态的构建和推进我国价值哲学领域的深入研究，具有极为重要的理论意义。

---

① 《中国共产党第十八次全国代表大会文件汇编》，人民出版社，2012 年，第 29 页。
② 《中华人民共和国宪法》，法律出版社，2018 年，第 66 页。

第一，有利于增强理论自觉和理论自信。理论自觉和理论自信是一个开放创新的进程。今天，我们置身于一个既充满机遇又充满挑战的时代，这就需要我们创新大学生社会主义核心价值观教育机制，发挥社会主义核心价值观的凝魂聚气、强基固本作用，以更高的理论自觉和更坚定的理论自信推动教育机制理论不断地创新以适应新时代发展要求，加快推进教育现代化。

第二，有利于社会主义意识形态的构建。意识形态工作是党的一项极端重要的工作，高校是党的意识形态工作的重要阵地。加强党对高校工作的全面领导，建设具有强大凝聚力和引领力的社会主义意识形态，要推进大学生社会主义核心价值观教育机制创新实践更加深入发展。这不仅是实践的呼唤，而且是历史的选择。

第三，有利于推进我国价值哲学领域的深入研究。随着价值哲学研究从自发到自觉，这一牢牢根植于中国实际的研究领域为马克思主义中国化时代化实践提供学理支撑和找寻价值基础发挥了重要作用。研究大学生社会主义核心价值观教育机制创新，有助于深化和拓展我国价值哲学领域的认识，将价值哲学发展到一个新阶段，使社会主义核心价值观大众化、具体化、通俗化，进而促进高校更好地开展社会主义核心价值观教育。

(三)现实意义

研究大学生社会主义核心价值观教育机制创新，有利于提升国家的文化软实力，有利于增强社会主义核心价值观教育的有效性，有利于促进大学生自身的发展，这也是当前我国面临的十分重大的现实任务。

第一，有利于提升国家的文化软实力。文化软实力的竞争，实质上是不同文化背景下的不同核心价值观的竞争。中国正日益走近世界舞台的中央，需要用社会主义核心价值观增强中华民族凝聚力和向心力，提升社会主义核心价值观的影响力和感召力，进而提高我国的文化软实力。

第二,有利于增强社会主义核心价值观教育有效性。大学生培育和践行社会主义核心价值观是一场持久战,既需要自律,又需要他律,既要加强宣传和教育,又要构建切实有效的机制,将社会主义核心价值观通过机制的中介和实践的路径而现实化、具体化。

第三,有利于促进大学生自身的发展。机制具有长期性、稳定性、全局性的特点,可以将外在的道德约束内化为内在的价值自觉,促进大学生积极践行社会主义核心价值观。通过机制的规范作用进行大学生社会主义核心价值观教育,既是我们的理论共识,也是我们的时代责任。

二、研究现状及述评

关于社会主义核心价值观教育的研究成果很多,其中很多研究成果都涉及大学生社会主义核心价值观教育机制的研究。学者们从不同角度、不同层面对社会主义核心价值观教育机制的基本内涵、重要性、构建原则、实现路径等进行了研究和阐发。但着眼于大学生社会主义核心价值观教育机制的研究还缺乏系统性,对大学生社会主义核心价值观教育机制创新的研究更亟待加强。

(一)国外研究现状

国外较少有关于社会主义核心价值观的研究成果。但在西方,关于价值和价值观研究的著作可谓汗牛充栋。西方价值哲学的研究起源于 18 世纪英国哲学家休谟关于事实和价值的区分。到了 19 世纪末 20 世纪初,价值哲学在美国和英国等国逐渐兴起。主观主义价值哲学代表学派主要有文德尔班(Windelband)的满足需要论、拉尔夫·巴顿·佩里(Ralph Barton Perry)的兴趣说、斯蒂文森(Stevenson)的情感主义价值论等。客观主义价值哲学的代表学派主要有爱德华·摩尔（Edwards Moore）的直觉主义价值观、马克斯·舍勒（Max Scheler）和尼古拉·哈特曼（Nicolai Hartmann）的现象学价值观等。西方价值哲学在价值界定、价值类型、价值基础、价值认识和价值真理等基本问题的认识上取得了诸多进展，为我们开展价值研究奠定了基础。

克拉克洪（Clyde Kluckhohn）最早提出了价值观的定义，他认为价值观是一种外显或内隐的，关于什么是"值得的"看法。克拉克洪—斯托特柏克模型（KLuckhohn&Strodtbeck）提出了5个普世性的问题，每个问题包含3种价值取向。人性取向：人性本善、人性本恶、人性善恶兼而有之；人与自然的关系取向：征服、服从、和谐；时间取向：过去、现在、将来；人类活动取向：存在、成为、做；社会关系取向：个体主义的、附属的、等级的。莫里斯（Morris）1956年编制的生活方式问卷对13种生活方式进行界定。每种生活方式以一段文字的形式呈现给被测试者，被测试者阅读后在一个从7（非常喜欢）到1（非常不喜欢）的7点评尺上评定此生活方式，最后将这13种生活方式按自己的喜好程度排序。按莫里斯的观点，价值可以分为实选价值、想象价值和客体价值。20世纪70年代，美国心理学家米尔顿·罗克奇（Milton Rokeach）提出，价值观是一种持久的信念，是一种具体的行为方式或存在的终极状态，对个人或社会而言，比与之相反的行为方式更可取，是行动和态度的指导。1973年编制的罗克奇价值观调查表（Rokeach Values Survey）是国际上广泛使用的价值观问卷，该表提出了两类价值系统：终极性价值观和工具性价值观。前者指欲达到的最终存在状态或目标，后者是指达到上述目标所采取的行为模式或手段。在测试时通过让测试对象对两类价值系统进行分别排序，测得不同价值在不同人心中的重要程度。价值观排列方式是纵向且按重要性依次递进的，彼此相互独立。

20世纪80年代，美国社会学家巴里·施瓦茨（Barry Schwartz）指出，价值观是令人向往的某些状态、对象、目标或行为，而它们是超越具体情景而存在的,可以作为在一系列行为方式中进行判断和选择的标准。施瓦茨在罗克奇价值观理论的基础上,提出价值观可以从 3 个角度进行分类:理想的最终状态或行为,利益,动机。同时指出,人类个体及社会群体生存的普遍动机有三类:满足个体生物需要的动机,协调社会互动的动机,以及使群体得以生存并维护群体利益的动机。1987 年施瓦茨将价值观分为 8 个价值区,并采用了罗克奇价值观词汇表中的 28 个价值观词汇作为标志词来解释各区间的意义,表征各价值区。初始的 8 个价值区为:享受区、安全区、成就区、自主区、严格遵从区、亲社会区、社会权利区、成熟区。施瓦茨在后续的研究中增加了样本的数量和文化的异质性,来检验其理论的普适性。同时在跨文化研究中还发现了之前被忽略的、具有较强文化特性的、有待研究的两项价值观:传统与刺激。并推出其新的价值观测量工具施瓦茨价值观调查表(Schwartz Value Survey)。根据研究,施瓦茨提出了一个在根本上不同于罗克奇的观点,认为不同价值观可能存在同等重要性。价值观之间是相互关联的,彼此关系可能一致,也可能对立。因此,价值观存在方式既有纵向联系也有横向联系。最终确定了 10 种具有跨文化一致性的个体基本价值观,包括自主、刺激、享乐、成就、权力、安全、传统、遵从、友善、博爱,并用环状结构来表示这 10 类价值观构成的动机性连续体。施瓦茨价值观调查表和肖像价值观问卷(The Portrait Values Questionnaire)是施瓦茨价值观理论的两个配套测量工具。2012 年,施瓦茨等人发表了其价值观理论研究的最新成果,对其理论进行了重构。这一理论从 1987 年初步形成至 2012 年重构,历经 25 年不断检验、修订和完善,成为价值观研究领域非常成熟和被广泛接受的理论。

吉尔特·霍夫斯塔德(Geert Hofstede)进行了大规模文化价值观调查,从大量调查数据着手进行研究,分析各国员工在价值观上表现出的国别差异,得出了价值观的 5 个潜在维度,即权利距离、不确定性回避、个体主义/集体主义、男子气/女子气、长期倾向/短期倾向,认为文化是在一个环境下人们共同拥有的心理程序,能将一群人与其他人区分开来。五大文化维度理论被认为是用来衡量不同国家文化差异、价值取向的有效架构。人类学家克拉克洪认为价值观是个人或群体所持有的一种显性或隐性地认为什么是可取的观念,这一观念影响人们从现有的种种行为模式、方式和目的中做出选择。其对价值观的看法具有明显的工具色彩,认为价值观是人对人关系的看法以及在处理人与人、人与环境时对值得做及不值得做的看法。他与斯特贝克(F. L.Strodibeck)对价值取向进行了精辟的论述,在《价值取向的变奏》(*Variations in Value Orientations*)中把价值取向界定为复杂但有限的原则,这个原则是在评价的过程中,由三个可以区分的要素,即认知的、感情的与导向的因素相互作用而成,这种评价过程使得人类能够确定解决问题的想法和行动。而且从人类共同面临的六大问题入手,着重考察了不同文化群体在面临六大问题时所表现出的不同观念、价值取向以及解决方法,提出了区分文化与认识差异的“价值观取向模型”。这六大问题是:对人性的看法,人们对自身与外部自然环境的看法,人们对自身与他人之关系的看法,人的活动取向,人的空间观念,人的时间观念。美国新实在论者佩里(R.B.Perry)在《一般价值论》(*the General Value*)中把价值归结为兴趣,也就是说,凡是兴趣所在的对象便自然而然的具有价值。

关于价值观的结构,国外学者中对价值观的分类研究影响最大的是德国心理学家斯普朗格(E.Spranger)和美国心理学家奥尔波特(G.W.Allport)。斯普朗格依据文化类型把生活形式区分为理论的生活形式、经济的生活形式、审美的生活形式、社会的生活形式,政治的生活形式、宗教的生活形式等。认为个体的行为方式与生活形式相结合,塑造了不同的文化类型的人,价值问题本质上是一个文化问题,价值根源于人的生活方式。斯普朗格以生活形式为价值的根基,在此基础上还研究了价值的内在构造和价值的实现方式。认为价值分为客观价值和主观价值。客观价值是道德行为的赋予,主观价值是人的自我确定，客观价值与主观价值及其相互冲突就是其内在构造。此后奥尔波特等人以斯普朗格的六种价值类型为基础进行修正与发展，编制成价值观研究量表（Values Scale），用以评定理论、经济、社会、政治、审美、宗教六种不同的基本价值对个人生活的相对影响力。

克里夫·贝克（Clive Beck）是当代著名的价值教育理论家，出版了《优化学校教育—— 一种价值的观点》（*Better Schools：A Values Perspective*）和《学会过美好生活——人的价值世界》（*Learning to Live the Goodlife：Values in Adulthood*）两本价值教育理论方面的专著。贝克的价值教育理论主要聚焦在对价值教育内容、模式和方法等方面的系统构建，其哲学基础是"反省伦理学"。价值教育理论的内容围绕增进人类的幸福，促进人们过上美好生活而进行设计，由价值态度教育、价值发展模式和对话式价值学习与教学构成。同时，强调学校教育不能单纯传授知识和技能，需要知识、技能和情感并重，对学校价值教育提出了如下反省目标：帮助学生处理当前对于自己或他人重要的生活问题；帮助学生学会用当前的价值范式来处理未来社会生活中可能出现的简单或复杂的行为问题；帮助学生获得一般性的价值观念、价值方法和解决价值问题的技能；帮助学生培育人类的基本价值；帮助学生理解他人的基本价值，用自己的能力和意志力去关怀他人相关的价值需要；根据基本价值反思具体价值或中介价值；培育学生恰当的价值情感、态度和行为方式。贝克构建的价值系统由基础价值、精神价值、道德价值、社会和政治价值、中介价值而组成，彼此间相互交织、不分伯仲。贝克指出，认识人的价值途径之一就是分析人生活的阶段，随着年龄的增长在价值教育方面不是整体性的提高或者改善，而是变化。贝克在对历史和当代的价值教育方法进行逐一剖析和检讨的同时，主张将"对话式"价值学习作为道德教育的主要方法。强调价值学习和教学时要真诚的对话，其对话的关键是：尊重彼此的观点；尊重彼此的传统习俗或"经历"；言论、信仰和行动的自由；共同决定对话的形式和内容;关心具体的生活经验;通过具体行动(实践)验证。他提出"道德/价值教育"这一术语,强调将道德教育和价值教育结合起来,认为过去的大部分道德/价值教育大纲内容都太狭窄,脱离价值领域来解决道德问题的尝试基本上是徒劳的。

价值澄清学派以美国纽约大学教育学院教授路易斯·拉思斯(Louise Raths)、南伊利诺斯大学教育学院梅里尔·哈明(Merrill Harmin)、马萨诸塞州大学教育学教授悉米·西蒙(Sidmey B.Simon)和美国人本主义教育中心主任基尔申·鲍姆(Kirschen Baum)等为代表,认为价值不是教授的结果,而是选择的产物, 主张道德教育应摈弃对概念的诠释并转变为对价值观进行理解和评价。学生需要学习如何选择价值观,从而使他们在令人迷惑的、充满选择的世界中找到目标。价值澄清能帮助学生指明个人价值观的方向,教师不应规定所要教的价值观,而要运用非灌输和不做判断的方法,帮助学生选择并提炼他们的价值观。价值澄清法认为任何一个价值观都可以通过价值观的过程来获得。价值观过程由选择、珍视、行动 3 个阶段和 7 个步骤组成:选择包括自由的选择,从多种选项中进行选择,在考虑后果后进行选择 3 个步骤;珍视包括珍视与爱惜、公开的证实 2 个步骤;行动包括根据选择行动、定型的与重复的行动 2 个步骤。1966 年,路易斯·拉思斯、梅里尔·哈明和悉米·西蒙 3 人合作出版了《价值观与教学:在课堂中运作价值观教育》(*Values and Teaching:Working with Values in the Classroom*)一书,标志着新的价值观教育理论的确立,其中主张课堂教学是价值观教育的关键途径,教师应在课堂中开展价值观教育。在《价值观与教学》的两个版本(1966 年和 1978 年)中都强调"如何获得概念"比"获得怎样的概念"更重要,非常重视获得价值观的过程。主张在价值观形成过程中,通过分析和评价的手段,帮助学生减少价值混乱,促进同一价值观的形成,并在这一过程中有效地发展学生思考和理解价值观的能力,并为之提出四大构成要素:关注生活、接受现实、激发进一步思考、提高个人潜能。梅里尔·哈明认为课堂应该是"鼓舞人心"的,在《教学的革命》(*Inspiring Active Learning*)一书中创造性地提出了"五品质"说作为重要的课程教学策略:尊严策略、活力策略、自我管理策略、集体感策略和意识策略,启示我们高效的课堂教学要注重对学生主体性的引导。基尔申·鲍姆在概括分析了 25 项有关价值澄清法的研究后指出,如果教师坚持使学生经历价值评价过程,那无论是教师的热诚和精力,还是学生个人的成长和学业成绩,都会有较大的增长。

这些国外学者对价值和价值观的研究和价值教育的探讨对本研究有很大的借鉴和参考作用。虽然其中的一些论述与马克思主义价值观存在分歧,但在研究方法和研究视角等方面依然有一定的启发作用。

(二)国内研究现状

国内这方面研究的理论成果颇丰,学术理论界的专家学者们就这一重大理论与现实问题进行了全方位的研究。据中国期刊全文数据库统计,截至 2023 年 5 月,以"社会主义核心价值观教育"为篇名进行关键词的搜索,搜到的文章有 3547 篇,但以"社会主义核心价值观教育"并含"机制"为篇名进行关键词的搜索,搜到的文章只有 88 篇。这些研究主要从大学生社会主义核心价值观教育机制的科学内涵、基本原则、重要意义等不同角度出发进行了有益的探索。而以"社会主义核心价值观教育机制"并含"创新"为篇名进行关键词的搜索,搜到的文章可以说是少之又少,亟待加强。所以,本研究主要将以社会主义核心价值观教育机制为研究视角的研究成果进行了梳理,并在此基础上探析大学生社会主义核心价值观教育机制的创新。

1.对科学内涵的界定

有学者把当代大学生社会主义核心价值体系教育机制定义为:"教育者、当代大学生、教育目标、教育方法和手段、教育环境、教育评估、教育反馈和调控等当代大学生社会主义核心价值体系教育的构成要素由于某种机理形成的因果联系和运转方式。"①这一定义对社会主义核心价值观教育机制的各要素及其结构和运行进行了阐发，勾勒出机制这一动态系统的轮廓。

还有学者对社会主义核心价值观接受的心理机制进行了界定，认为其是"在社会主义核心价值观接受活动中，接受主体心理结构的不同要素分别与社会主义核心价值观接受系统的诸要素相互联系、相互作用的机理与方式"②。

有学者提出，当代大学生对社会主义核心价值体系的心理认同机制是指"大学生政治心理、道德心理、学习心理和社会心理中的认知、情感、意志、信念和行为等因素的相互关系和相互作用，进而对社会主义核心价值体系的内心体悟、心理认同和自觉践行，主要包括理性认同机制、情感认同机制、信念引导机制和践行强化机制"③。

这些定义基本清楚表述了教育机制、心理接受机制和心理认同机制等具体机制的要素、结构、功能和运行，对大学生社会主义核心价值观教育机制创新的研究提供了可供参考的学术成果，拓展了研究视野，为深化研究奠定了坚实的基础。但教育机制的创新，不仅要对组成教育机制的各种要素进行系统分析和准确把握，还要深入探讨作为组成社会主义核心价值观教育机制的各种要素的结构和功能，同时不能忽视社会主义核心价值观教育机制的动力和演进，以保证教育机制以稳定、规范、规律、互动的方式运作。

---

① 崔华前：《当代大学生社会主义核心价值体系教育机制研究》，合肥工业大学出版社，2012 年，第 12 页。

② 张灵、徐志远：《论社会主义核心价值观接受的心理机制》，《思想理论教育导刊》，2016 年第 7 期。

③ 陆树程、李瑾：《论当代大学生社会主义核心价值体系心理认同机制》，《思想理论教育导刊》，2009 年第 1 期。

2.对基本原则的阐发

关于大学生社会主义核心价值观教育机制的基本原则的论述成果较多,也是学者们讨论的热点问题。有学者阐发了构建大学生社会主义核心价值观教育心理接受机制的原则:主导性与主动性的统一,长期性与反复性的统一,内化性和实践性的统一,多样性与差异性的统一,传承性与时代性的统一。①关于核心价值观协同教育机制原则的论述,有学者指出,"为了提高针对性实效性,需要遵循制度性、目标性、共享性、匹配性及开放性原则"②。

有学者认为,构建社会主义核心价值观的文化认同机制,"必须要遵循社会主义核心价值观的基本逻辑,认清其逻辑起点、基础与目的,并在这个基础上,从教育解读、舆论引导、体验感悟等多个方面全面推进"③。有学者提出,"高校要在学校党委的领导下,加强顶层设计,统筹各类教育资源,在主体互动、体系互联、信息互通、内容互渗、载体互补等方面建立培育和践行社会主义核心价值观的协同机制"④。

这些对于心理接受机制、协同教育机制、文化认同机制等具体机制原则的相关论述对本研究有很大借鉴和启发作用。创新大学生社会主义核心价值观教育机制,要坚定不移做到"两个维护",坚决同党中央保持高度一致,做好顶层设计,发挥社会主义核心价值观的引领作用。

3.对重要意义的论述

有学者指出,高校应"构建大学生社会主义核心价值观教育的长效机制,

① 廖桂芳、王延伟:《大学生核心价值观教育心理接受机制的构建与运行》,《重庆交通大学学报》(社会科学版),2011年第3期。

② 李晓虹、魏晓文:《高校社会主义核心价值观协同教育机制探析》,《思想理论教育导刊》,2015年第10期。

③ 张婧:《社会主义核心价值观的文化认同机制》,《人民论坛》,2017年第36期。

④ 汪庆华:《高校构建培育和践行社会主义核心价值观协同机制探析》,《思想理论教育导刊》,2015年第8期。

使社会主义核心价值观融入大学生的精神世界，激励大学生为实现民族复兴的中国梦而不懈奋斗"①。还有学者认为，社会主义核心价值观认同机制"经历从理性到信仰的思维过程：经验感知是社会主义核心价值观认同的始基，理性认知是社会主义核心价值观认同的升华，情感认同是社会主义核心价值观认同的过渡，终极信仰是社会主义核心价值观认同的归结"②。

教育机制的建立对于社会主义核心价值观教育至关重要，目前高校已基本建立或正在建立大学生社会主义核心价值观教育机制，因而机制创新工作逐渐引起重视，也是接下来大学生社会主义核心价值观教育工作的重要内容。

4.对不同主体的探讨

要使大学生社会主义核心价值观教育更有针对性，就要对不同主体的特点进行研究和掌握，很多学者都为该领域的深化研究进行了有益探索。有学者提出，"针对民族地区高校的实际特点，通过构建行之有效的教育机制……推动社会主义核心价值观教育工作不断取得新成效"③。有学者指出，高职学校要"立足于高职学生群体的特殊性进行分析"④。还有学者提出，高校财经专业要"建立引导机制、激励机制、共享机制、协调机制和长效机制"⑤，提高高校财经专业大学生社会主义核心价值观教育成效。有学者认为，"构建由认同机制、保障机制、载体机制、方法创新机制等要素有机构成的内在互动

① 徐园媛、李思雨、罗二鹏：《大学生社会主义核心价值观教育长效机制构建》，西南交通大学出版社，2015 年，第 72 页。

② 钱雄、甘永宗：《从理性到信仰：社会主义核心价值观认同机制研究》，《广西社会科学》，2016年第 11 期。

③ 陆春蓉：《民族地区高校实施社会主义核心价值观教育机制的构建初探》，《中共山西省直机关党校学报》，2018 年第 3 期。

④ 刘毓瑾、郑建阳：《高职社会主义核心价值观教育长效机制探索——基于博雅教育的应用》，《厦门城市职业学院学报》，2017 年第 3 期。

⑤ 李红艳：《大学生社会主义核心价值观教育机制构建之我见——以高校财经专业为例》，《陕西广播电视大学学报》，2017 年第 4 期。

的四位一体的独立学院社会主义核心价值观教育机制，具有重要的理论和实践意义”①。有学者指出，“为了做好成人高校社会主义核心价值观教育，必须建立起社会主义核心价值观教育的激励机制”②。

这些学者针对民族地区高校、高职学校、独立学院和成人高校等不同主体大学生社会主义核心价值观教育机制的探讨，有利于增强大学生社会主义核心价值观教育机制创新的针对性。大学生社会主义核心价值观教育机制创新，既有共性，也有个性，是共性和个性的统一，我们要遵循从认识个别上升到认识一般，再由一般到个别的认识规律，针对大学生的不同类型、不同层次和个体差异进行社会主义核心价值观教育。

5.对机制构成的论述

关于社会主义核心价值观教育机制的研究，学者们从宏观角度和微观角度都进行了阐发。

在宏观角度上，有学者认为，“个体价值观的生成过程事实上是内生动力与外生动力两大机制互为影响、共同作用的结果。其中外生动力包括舆论引导机制、社会赏罚机制、价值观教育机制、教育示范机制和社会调控机制等；内生动力包括价值整合机制、认知接受机制、内化外化机制、自我教育机制等”③。有学者指出，“培育社会主义核心价值观的内在机制，就是要培育社会主义核心价值观内部结构的运行机制；培育社会主义核心价值观的外在机制，就是要在社会上形成一种培育社会主义核心价值观的运行机制。它们

---

① 包新春：《独立学院社会主义核心价值观教育机制探究》，《学校党建与思想教育》，2015年第9期。

② 岳亮：《成人高校社会主义核心价值观教育的激励机制建设策略研究》，《吉林广播电视大学学报》，2020年第9期。

③ 杨晓丹：《当代大学生价值观生成的动力机制研究》，《学校党建与思想教育》，2017年第10期。

两者之间的有机结合,构成了社会主义核心价值观的培育机制整体"①。宏观角度的阐发启示我们在创新社会主义核心价值观教育机制时要用系统思维对机制运行各环节进行整体把握和全面思考,着眼于全局和整体,以长时间和大空间视角观察问题。整体与部分是密不可分的,整体的属性和功能是部分按一定方式相互作用和联系所造成的,而整体也依据其相互作用和联系的方式实现对部分的支配,整体与部分之间的相互作用又是动态发展的。因而要把具体机制放到大系统中进行考察,把整体作为认识的出发点和落脚点。

在微观角度的具体机制构成方面,有学者提出,"高校要构建需要引导机制、文化环境熏陶机制、榜样示范机制、实践活动养成机制等培育机制以引导当代大学生树立正确的核心价值观"②。有学者指出,应"结合当代大学生自身思想特点和行为特征,通过构建完备的教育引导机制、实践养成机制、制度保障机制、环境优化机制和评价反馈机制等方面来促进大学生对社会主义核心价值观的理性认知、思想转化、情感认同、沉淀固化,实现大学生核心价值观内化与外化的辩证统一"③。有学者就高校价值观教育评价长效机制的构想提出,"应从评价基础理论和应用研究、评价技术手段、评价文化三个方面着手,构建由组织领导机制、实施运行机制、管理监督机制、动力保障机制、反馈应用机制五大机制组成的高校价值观教育评价长效机制"④。

有学者为实现社会主义核心价值观"内化于心,外践于行"的目标,就建立高效的知行转化机制上发力。从"利益机制、导引机制、体验机制、实践机制四个方面,提出了大学生社会主义核心价值观知行转化机制的构建理路

① 邱仁富:《社会主义核心价值观培育研究》,上海大学出版社,2015年,第246页。

② 刘兴华:《大学生核心价值观生成机理与培育机制探究》,《思想政治教育研究》,2016年第6期。

③ 曾永平:《论大学生社会主义核心价值观培育机制的构建》,《学校党建与思想教育》,2018年第5期。

④ 隋芳莉:《构建高校社会主义核心价值观教育评价长效机制研究》,《思想政治教育研究》,2021年第3期。

和具体对策"。在此基础上,"对大学生社会主义核心价值观知行转化的协同机制和评价机制进行初步探讨"①,力求发挥大学生社会主义核心价值观知行转化的最大效能。有学者深入探讨社会主义核心价值观实践养成及其机制的核心意涵,认为"社会主义核心价值观实践养成机制是一种基于客观规律的能动性建构,是在遵循社会导向规律、主体发展规律、双向互动规律基础上,以行动体验为基础,以情感认同为中介,以理论认知为引领,以养习成德为指向,有目的有计划进行的规范性建构、内生性建构和互动性建构"②。有学者认为,大学生践行社会主义核心价值观的教育机制包括"以情境体验性为核心的引导机制,以激发能动性为核心的驱动机制,以发展践行力为核心的助推机制,通过逻辑递进又层次分明的教育机制,促进核心价值观从知识体系向信仰体系转换"③。微观角度的阐发启示我们社会主义核心价值观教育机制创新既是一个系统工程,在立足整体、统筹全局的同时也不能忽视各具体机制的建构细节和运行顺畅。

从宏观角度和微观角度对社会主义核心价值观教育机制的阐发,对本书提供了极大的借鉴价值,也为教育机制的构建和创新打开了思路。大学生社会主义核心价值观教育机制创新,既需要宏观层面的设计,把教育机制作为一个有机、有序的动态整体进行系统研究,在局部创新的基础上进行系统创新;也要注重在机制运行的各环节进行细节把控,力求使每一个机制都能够是闭合的、自动运行的系统,且相互之间能够互联互动,使机制有效发挥作用。

---

① 林敬平:《大学生社会主义核心价值观知行转化及其机制研究》,福建师范大学 2020 年博士论文,第 164 页。

② 王娜:《社会主义核心价值观实践养成机制研究》,东北师范大学 2021 年博士论文,第 31 页。

③ 郝琦、房磊:《大学生践行社会主义核心价值观的教育机制研究》,《学校党建与思想教育》,2015 年第 12 期。

6.对机制创新的研究

以上研究是从大学生社会主义核心价值观教育机制的研究进行的梳理。目前关于教育机制创新的研究有一定的研究成果,但亟待深化和加强。有学者指出,大学生社会主义核心价值观教育机制创新的主要内容有:教育观念创新、教育内容创新、教育形式创新、教育手段创新、教育资源创新。[①]有学者"在借鉴美国核心价值观教育的基础上,从教育理念、教育环境、教育方式上对我国高校大学生社会主义核心价值观教育进行了机制上的探索与创新"[②]。有学者提出要推动价值引领新机制,强调"在构筑中华优秀传统文化与社会主义核心价值观协同育人的过程中,高校应扩展传统文化教育的广度和深度,创新教育形式,引导广大青年学生完善人格修养,推动价值观教育、理想信念教育与知识传播有机结合,形成融合育人长效机制"[③]。这些观点都从不同角度为大学生社会主义核心价值观教育机制创新提供了可借鉴的理论成果,但也可以看出对机制创新的研究还是有极大的深入探讨和理论挖掘空间,特别是亟须系统化的理论研究成果。

综上所述,目前关于大学生社会主义核心价值观教育机制的研究已有一定的理论成果,为本书的研究和写作提供了多维度视角的参考和借鉴。但是,已有的研究成果一般是关于这一问题的内涵、意义、结构、特征、功能、路径、原则、目标等方面选择某一两个角度加以深刻论证,而不是将上述各个方面作为一个系统的可以进行良性互动的整体进行研究。对大学生社会主义核心价值观教育机制创新的系统论述较匮乏,研究空间还大有可为。因

---

① 刘光照:《大学生社会主义核心价值观教育机制创新研究》,《广西职业技术学院学报》,2009年第3期。

② 张磊:《论大学生社会主义核心价值观教育机制创新——基于美国核心价值观教育的启示》,《牡丹江大学学报》,2016年第11期。

③ 李娜、强文丽:《高校社会主义核心价值观与中华优秀传统文化融合教育机制的探索》,《学校党建与思想教育》,2022年第16期。

此,以现有的理论研究为基础和指导,对大学生社会主义核心价值观教育机制创新进行专门性、系统性研究,切实增强当代大学生社会主义核心价值观教育的针对性、实效性,就显得非常必要。从这一角度来看,大学生社会主义核心价值观教育机制创新的研究领域有待进一步拓展和延伸,值得进一步挖掘,对大学生社会主义核心价值观教育机制创新问题的讨论还需不断深入。

三、研究思路方法与理论创新

进行大学生社会主义核心价值观教育机制创新研究,必须把握好研究角度,选择好适当的研究方法,坚持理论创新和实践创新的有机互动,方能做出有实践指导意义的研究成果,解决大学生社会主义核心价值观教育机制创新过程中遇到的问题。

(一)研究思路

科学研究特别是理论研究要有清晰的研究思路并使用适当的研究方法,找准切入点和着力点,这样才能顺利开展研究。围绕大学生社会主义核心价值观教育机制创新这一研究课题,笔者进行了深入挖掘和系统阐发。依据系统性的研究思路,本书分为引言、主体、结语三部分。

引言部分主要包括:研究背景及其理论和现实意义,当前学术界国内外相关研究现状,本书所采用的基本研究思路、方法和创新点,并对社会主义核心价值观教育和社会主义核心价值观教育机制的基本概念进行解析。

主体部分包括以下内容:

首先,阐述大学生社会主义核心价值观教育机制创新的理论基础、现实基础和经验借鉴,旨在为研究提供学理依据。

其次,阐发机制创新的必要性,并分析当前社会主义核心价值观教育的现状,以及教育机制创新存在的问题、产生问题的原因和面临的挑战,旨在为大学生社会主义核心价值观教育机制创新的研究提供逻辑前提。

再次,从大学生社会主义核心价值观教育宣传舆论机制、课堂教学机制、实践养成机制、校园文化建设机制四个方面全面阐述教育机制创新,以期为大学生社会主义核心价值观教育机制创新提供借鉴和启示。这四个方面的机制创新,是通过多个机制的健全、优化和完善来实现的。

最后,通过健全大学生社会主义核心价值观教育机制创新考评监督体系,形成着眼于大学生社会主义核心价值观教育机制创新的理论文章。考评监督体系的健全,使得教育机制创新成为一个既有内在自动力,又有外在推动力的动态过程,从而在各种具体机制创新的基础上实现系统创新。

结语部分展望了本研究课题的发展前景。此部分揭示大学生社会主义核心价值观教育机制创新的重要性、必要性和紧迫性。

(二)研究方法

研究大学生社会主义核心价值观教育机制创新,坚持辩证唯物主义和历史唯物主义世界观和方法论,综合运用多种研究方法。主要遵循和运用的研究方法有:

第一,理论联系实际法。理论联系实际是马克思主义基本方法论原则,研究大学生社会主义核心价值观教育机制创新必须随时关注实践的新形势、新变化,及时反映实践所带来的新情况、新问题。通过对国内和国外文献的搜集、整理、鉴别、比较,掌握第一手材料。研究过程中,既要借鉴和分析相关理论成果,又要结合大学生社会主义核心价值观教育机制创新实际,找出其中存在的问题,对产生问题的原因和挑战进行分析,进而提出有效对策。

第二,系统分析法。将运用多学科知识,采取结构层次分析法、要素分析法、结构优化分析法等系统分析方法,在对大学生社会主义核心价值观教育的宣传舆论机制、课堂教学机制、实践养成机制、校园文化建设机制、考评机制、监督机制和保障机制等构成因素进行结构性、层次性、要素性分析的基础上探求教育机制创新的优化路径。

第三,多学科交叉综合法。价值哲学涉及哲学、伦理学、社会学、政治学、逻辑学、心理学等多领域、多学科。在具体研究过程中运用多学科整合与借鉴的研究方法,从各领域、各学科汲取有益成果进行知识整合和交叉融合,以跨学科视角探寻答案,进行了综合性、交叉性、多方位的研究,从而增强和拓展理论研究的广度和深度,也使研究成果更加综合实用。

(三)创新点

关于社会主义核心价值观的研究很多,但对教育机制创新的研究还需要更深入系统的研究成果。本书系统地对大学生社会主义核心价值观教育机制创新进行分析和论述,力图对此理论问题做出新的概括和总结,提出有借鉴价值的理论观点。

第一,选题具有创新性。从问题入手,从现实出发,贴合新时代背景下国家发展的现实需要,以大学生社会主义核心价值观教育机制创新为切入点,试图突破原有研究主要集中于大学生社会主义核心价值观教育的局限,着力解决教育机制创新当中的理论问题,深刻分析新的历史方位下改革开放和社会转型对大学生社会主义核心价值观教育机制创新产生的影响,期待能为大学生社会主义核心价值观教育机制创新的研究提供有益的帮助,试图探寻社会主义核心价值观教育机制自我完善、自我优化的有效路径。

第二,对教育机制动力的阐发具有创新性。把教育机制作为一个有机、有序的动态整体进行系统研究,分章节阐发了教育机制动力体系中内在的自动力和外在的推动力。认真汲取了多领域、多学科的认识成果与认识方法进行研究,力求使每一个机制都能够是闭合的、自动运行的系统,且通过考评机制、监督机制和保障机制等机制的外在推动力体系使整个教育机制创新系统不断运行演进,各机制之间能够互联互动,从而真正发挥作用。

第三,可操作性对策具有创新性。通过对大学生社会主义核心价值观教育的宣传舆论机制、课堂教学机制、实践养成机制、校园文化建设机制、考评机制、监督机制和保障机制等构成要素的创新进行研究探索,提出相对合理的、具有针对性的解决方法和具有参考价值的对策建议。较常见的研究成果是就其某一方面进行论述,而教育机制创新是系统创新,故全面性、系统性、综合性的研究具有一定的创新性。

四、基本概念解析

探讨大学生社会主义核心价值观教育机制创新的问题,首先要厘清什么是社会主义核心价值观,什么是社会主义核心价值观教育,什么是社会主义核心价值观教育机制等基本问题,这也是开展本研究的基本逻辑前提。通过对这些概念、内涵及相互关系的准确把握,加深对大学生社会主义核心价值观教育机制创新的理论认识,从而形成有价值的理论成果。

(一)社会主义核心价值观

从党的十六届六中全会首次提出了建设社会主义核心价值体系这一战略任务,到党的十八大对社会主义核心价值观所做的高度凝练和集中表达,培育和践行社会主义核心价值观的重要性越来越深入人心。作为实现中华民族伟大复兴中国梦的支柱,实现"两个一百年"奋斗目标的基石,我们要用社会主义核心价值观引领实现中国梦的新长征路,充分发挥社会主义核心价值观凝魂聚气、强基固本的作用。准确把握社会主义核心价值观的概念与内涵,就要厘清社会主义核心价值观与科学社会主义核心价值观主张、社会主义核心价值体系、全人类共同价值的关系,既看到其中的区别,又关注其中的联系。

1.把握社会主义核心价值观的概念

社会主义核心价值观,是在社会主义核心价值观念体系中居核心地位、起指导作用的价值理念,是人们对社会主义价值诉求的基本看法和总体要求。2012年11月,党的十八大报告对"社会主义核心价值观"做了凝练的表述:"倡导富强、民主、文明、和谐,倡导自由、平等、公正、法治,倡导爱国、敬业、诚信、友善,积极培育和践行社会主义核心价值观"①。以"三个倡导"为核心内容的社会主义核心价值观,对我们要建设什么样的国家、建设什么样的社会、培育什么样的公民等重大问题进行了深刻解答。同时,对社会主义核心价值观的性质内涵、主导地位和重大意义做了明确的定位和清晰的表述,阐明了社会主义核心价值观的内涵,指明了社会主义核心价值观教育的途径和方法。社会主义核心价值观是历史的,是不断发展变化的,其内涵必将随着中国特色社会主义实践不断丰富和发展。

2.社会主义核心价值观与科学社会主义价值观主张的关系

科学社会主义是马克思、恩格斯于19世纪40年代创立的,是关于无产阶级解放斗争的性质、条件和一般目的的学说。马克思运用唯物史观和剩余价值学说分析资本主义矛盾,科学论证了"两个必然"的历史趋势,将解放无产阶级和全人类并实现共产主义作为远大理想。广义的科学社会主义就是马克思主义,狭义的科学社会主义仅指马克思主义三大组成部分之一的科学社会主义,侧重于研究社会主义革命和社会主义建设及其发展规律。科学社会主义作为人类历史上崭新的思想体系和社会运动,以马克思主义这一

---

① 《中国共产党第十八次全国代表大会文件汇编》,人民出版社,2012年,第29页。

科学的世界观和方法论为指导，坚持人民在社会历史发展中的主体地位，提出在批判旧世界中发现新世界的价值要求，确立了为人类求解放的崇高价值理想，以实现人的自由而全面发展作为自己的终极价值追求，体现出对资本主义价值观的彻底批判和超越。

社会主义核心价值观，集中体现了马克思主义所倡导的价值理念，既扎根于中华优秀传统文化土壤，又吸收借鉴一切人类优秀文化的先进价值，把马克思主义思想精髓同中华优秀传统文化精华贯通起来，同人民群众日用而不觉的共同价值观念融通起来。任何一种价值观都不可能凭空产生，一个民族在长期共同生活的实践中会逐渐形成具有该民族特色的价值观。社会主义核心价值观涵养于中华优秀传统文化，具有深厚的历史文化根基。中华优秀传统文化是社会主义核心价值观的源头活水，又与科学社会主义价值观主张具有高度契合性。2022 年 10 月，党的二十大报告指出："中华优秀传统文化源远流长、博大精深，是中华文明的智慧结晶，其中蕴含的天下为公、民为邦本、为政以德、革故鼎新、任人唯贤、天人合一、自强不息、厚德载物、讲信修睦、亲仁善邻等，是中国人民在长期生产生活中积累的宇宙观、天下观、社会观、道德观的重要体现，同科学社会主义价值观主张具有高度契合性。"[①]这一论断从价值观层面对二者的高度契合性做出了重大理论判断。社会主义核心价值观与科学社会主义价值观主张是两种独立的价值体系，但二者具有相贯通相契合的价值共通性，要深入挖掘和把握二者的基本契合点，并不断赋予二者鲜明的中国特色。

3.厘清社会主义核心价值观与社会主义核心价值体系的关系

2006 年 10 月，党的十六届六中全会首次提出了建设社会主义核心价值体系这一重大命题和战略任务。"马克思主义指导思想，中国特色社会主义

---

① 习近平：《高举中国特色社会主义伟大旗帜 为全面建设社会主义现代化国家而团结奋斗——在中国共产党第二十次全国代表大会上的报告》，人民出版社，2022 年，第 18 页。

共同理想,以爱国主义为核心的民族精神和以改革创新为核心的时代精神,社会主义荣辱观,构成社会主义核心价值体系的基本内容。"①社会主义核心价值体系四个方面的内容内涵丰富、意蕴深厚,是一个有机统一的整体,具有广泛的包容性和强大的整合力,其实质是价值共识建设。马克思主义指导思想是社会主义核心价值体系的灵魂,中国特色社会主义共同理想是社会主义核心价值体系的主题,民族精神和时代精神是社会主义核心价值体系的精髓,社会主义荣辱观是社会主义核心价值体系的基础,必须把铸造灵魂、突出主题、把握精髓、打牢基础的要求,体现到社会生活的各个方面,形成建设社会主义核心价值体系的强大合力。2007年10月,党的十七大报告指出:"社会主义核心价值体系是社会主义意识形态的本质体现。要巩固马克思主义指导地位,坚持不懈地用马克思主义中国化最新成果武装全党、教育人民,用中国特色社会主义共同理想凝聚力量,用以爱国主义为核心的民族精神和以改革创新为核心的时代精神鼓舞斗志,用社会主义荣辱观引领风尚,巩固全党全国各族人民团结奋斗的共同思想基础。"②这一论断深刻揭示了社会主义核心价值体系在社会主义意识形态中的地位和作用。社会主义核心价值体系是社会主义制度在价值层面的本质规定,反映了我国社会主义基本制度的本质要求,为中国特色社会主义的发展和完善提供了思想根基。

社会主义核心价值观是在社会主义核心价值体系基础上进行的高度凝练,更便于识记掌握和认同践行。用简明扼要、简约朴实、简洁通俗的24个字凝练表达了社会主义核心价值体系的本质内容,每个词的背后都反映了社会主义核心价值体系的丰富内涵,既有理论延续性,又有现实针对性。社

---

① 《中共中央关于构建社会主义和谐社会若干重大问题的决定》,《人民日报》,2006年10月19日。

② 胡锦涛:《高举中国特色社会主义伟大旗帜 为夺取全面建设小康社会新胜利而奋斗——在中国共产党第十七次全国代表大会上的报告》,《求是》,2007年第21期。

会主义核心价值观与社会主义核心价值体系形式上虽然不同，但具有内在一致性，二者相互区别又内在联系。"社会主义核心价值观是社会主义核心价值体系的内核，体现社会主义核心价值体系的根本性质和基本特征，反映社会主义核心价值体系的丰富内涵和实践要求，是社会主义核心价值体系的高度凝练和集中表达。"①社会主义核心价值观和社会主义核心价值体系是一个相互促进、不断发展的统一整体。

4.厘清社会主义核心价值观与全人类共同价值的关系

2015年9月，习近平出席第七十届联合国大会一般性辩论并发表重要讲话时首次提出："和平、发展、公平、正义、民主、自由，是全人类的共同价值，也是联合国的崇高目标。"②全人类共同价值超越单个国家、民族、文明的局限，将全人类明确为价值的主体，表达的是不同的民族、国家、文明在追求发展进步过程中普遍认可、无限向往的共同价值理念，汇聚了人类社会千百年来共同的价值追求和价值精华，是人类求生存、谋发展所必须遵循的价值理想和价值规范。同时，与建立在"文明优越论""文明冲突论"和"文明终结论"基础上的"普世价值"将西方现代化模式和价值观绝对化、唯一化的做法不同，全人类共同价值以承认、尊重和包容不同民族和不同国家的价值差异为前提，认为世界上所有国家、所有民族都有遵循自己的价值观享有平等发展的权利和机会，每个国家独立自主探索符合本国国情的现代化道路的努力都应当得到尊重。必须共同反对以"普世价值"之名行单边主义之实的霸权主义和单边主义的行径，在公平公正的国际秩序和国际治理体系的基础上实现全球的共同繁荣发展。

"和平与发展是我们的共同事业，公平正义是我们的共同理想，民主自

---

① 《关于培育和践行社会主义核心价值观的意见》，人民出版社，2013年，第3页。

② 习近平：《携手构建合作共赢新伙伴　同心打造人类命运共同体——在第七十届联合国大会一般性辩论时的讲话》，《人民日报》，2015年9月29日。

由是我们的共同追求。"①确立全人类共同价值,我们不能停留在抽象名称上,更要深入到具体内涵中:中国始终是世界和平的建设者、全球发展的贡献者、国际秩序的维护者,坚持和平发展理念,坚定不移走和平发展道路,主张以对话解决争端,以协商化解分歧;中国始终致力于维护世界公平正义,其中公平要求合理分配人类劳动成果和利益,正义强调各国在追求自身利益的同时也要尊重他国关切;民主主要体现为各个国家应拥有平等的国际话语权、全球治理参与权、国际事务决策权,侧重于体现世界各国平等参与决策的公共意志,而不是形式的、局部的民主;自由主要体现为各国有发展的自由,有选择自己发展道路的自由,侧重于世界各国对其权利的自主支配,而不是极端的自由、少数人的自由。全人类共同价值源自历史悠远的中华文明,反映了西方文明恒久的价值追求,也是对马克思主义价值理想的传承和弘扬,科学回答了"世界怎么了、我们怎么办"的世界之问、时代之问。

社会主义核心价值观汲取人类文明共同成果,与全人类共同价值呈现出相互促进、相辅相成的辩证统一关系。从二者的适用范围看,社会主义核心价值观适用于中国,全人类共同价值则适用于整个世界。2021年7月,在中国共产党与世界政党领导人峰会上,习近平呼吁坚守和弘扬全人类共同价值,强调"我们要本着对人类前途命运高度负责的态度,做全人类共同价值的倡导者,以宽广胸怀理解不同文明对价值内涵的认识,尊重不同国家人民对价值实现路径的探索,把全人类共同价值具体地、现实地体现到实现本国人民利益的实践中去"②。2022年10月,党的二十大报告指出:"我们真诚呼吁,世界各国弘扬和平、发展、公平、正义、民主、自由的全人类共同价值,促进各国人民相知相亲,尊重世界文明多样性,以文明交流超越文明隔阂、

①　《习近平谈治国理政》(第四卷),外文出版社,2022年,第475页。

②　习近平:《加强政党合作　共谋人民幸福——在中国共产党与世界政党领导人峰会上的主旨讲话》,《人民日报》,2021年7月7日。

文明互鉴超越文明冲突、文明共存超越文明优越，共同应对各种全球性挑战。"①2023 年 3 月，习近平在中国共产党与世界政党高层对话会上首次提出全球文明倡议，强调"我们要共同倡导弘扬全人类共同价值，和平、发展、公平、正义、民主、自由是各国人民的共同追求，要以宽广胸怀理解不同文明对价值内涵的认识，不将自己的价值观和模式强加于人，不搞意识形态对抗"②。这是继 2021 年首提全球发展倡议、2022 年首提全球安全倡议后首提全球文明倡议。

　　从二者的内涵看，社会主义核心价值观是全国各族人民共同认可的价值观"最大公约数"，全人类共同价值则是不同民族、不同国家在价值原则和价值理想上的"最大公约数"。社会主义核心价值观所确立的共同价值目标，是国家和民族赖以维系的精神纽带，确立了中国这样一个有着 14 亿多人口、56 个民族的大国所反映的全国各族人民共同认同的价值观"最大公约数"，最广泛地形成价值共识。不仅反映了中国共产党对中国特色社会主义实践的价值基础和价值理想的探索，而且是全人类共同价值在当代中国的具体体现。全人类共同价值代表全人类共同利益和共同价值理想，超越政治对立、意识形态纷争与宗教、种族差异，"凝聚了人类不同文明的价值共识，反映了世界各国人民普遍认同的价值理念的最大公约数"③。全人类共同价值，凝练概括了全人类的基本价值共识，勾画出超越差异分歧的价值同心圆，反映了各国人民企盼美好生活的共同愿望，为推动构建人类命运共同体提供了价值支撑，为人类文明朝着正确方向发展注入了强大精神动力，为共同建设美好世界提供了正确理念指引。人类文明新形态是社会主义核心价值观

---

　　①　习近平：《高举中国特色社会主义伟大旗帜　为全面建设社会主义现代化国家而团结奋斗——在中国共产党第二十次全国代表大会上的报告》，人民出版社，2022 年，第 63 页。

　　②　习近平：《携手同行现代化之路——在中国共产党与世界政党高层对话会上的主旨讲话》，《人民日报》，2023 年 3 月 16 日。

　　③　习近平外交思想研究中心：《坚守和弘扬全人类共同价值》，《求是》，2021 年第 16 期。

和全人类共同价值的有机统一。

(二)社会主义核心价值观教育

把握社会主义核心价值观教育的内涵，要厘清社会主义核心价值观教育与思想政治教育、学校德育三个易混的概念，梳理好社会主义核心价值观教育与思想政治教育、学校德育之间的关系。准确把握了三者的区别和联系，才能正确认识社会主义核心价值观教育。

1.把握社会主义核心价值观教育的内涵

从 2006 年 10 月党的十六届六中全会通过的《中共中央关于构建社会主义和谐社会若干重大问题的决定》，首次提出建设社会主义核心价值体系这一战略任务，指出"坚持把社会主义核心价值体系融入国民教育和精神文明建设全过程、贯穿现代化建设各方面"[①]。到党的十八大报告从国家、社会、公民三个层面，用 24 个字对"社会主义核心价值观"做了凝练的表述："倡导富强、民主、文明、和谐，倡导自由、平等、公正、法治，倡导爱国、敬业、诚信、友善，积极培育和践行社会主义核心价值观。"[②]这一重要论述将社会主义最基本、最重要、最核心的价值观念呈现出来。随着党对社会主义核心价值观的认识不断深入，社会主义核心价值观的基本内涵进一步明晰，我们就更容易准确把握和正确理解社会主义核心价值观教育的内涵。

"教育"一词在我国古代就已出现，始见于《孟子·尽心上》："君子有三乐，而王天下不与存焉。父母俱存，兄弟无故，一乐也；仰不愧于天，俯不怍于人，二乐也；得天下英才而教育之，三乐也。"英语中"教育"(education)一词源于拉丁文 educare。本义为"引出"或"导出"，意指通过一定手段，把某种本来潜在于身体和心灵内部的东西引发出来。教育有广义和狭义之分。"通常认

---

① 中共中央文献研究室编：《十六大以来重要文献选编》(下)，中央文献出版社，2008 年，第 661 页。

② 《中国共产党第十八次全国代表大会文件汇编》，人民出版社，2012 年，第 29 页。

为:广义的教育,泛指影响人们知识、技能、身心健康、思想品德的形成和发展的各种活动。狭义的教育,主要指学校教育。即根据一定的社会要求和受教育者的发展需要,有目的、有计划、有组织地对受教育者施加影响,以培养一定社会(或阶级)所需要的人的活动。"①从广义上讲,社会主义核心价值观教育是指统治阶级促使其社会成员形成社会主义的价值目标、价值取向和价值准则的教育活动。从狭义上是指在学校教育中,教育者施加的使受教育者形成符合社会主义要求的思想品德与价值观念的教育活动。大学生社会主义核心价值观教育,就是在高校教育中,教育者施加的使大学生形成符合社会主义核心价值观要求的教育活动。因此,社会主义核心价值观教育是建立在生产资料公有制基础上的,占据人类价值准则至高点的教育活动,与社会制度紧密相关,具有意识形态导向作用。

2.厘清思想政治教育与社会主义核心价值观教育的关系

"思想政治教育是指社会或社会群体用一定的思想观念、政治观点、道德规范,对其成员施加有目的、有计划、有组织的影响,并促使其自主地接受这种影响,从而形成符合一定社会一定阶级所需要的思想品德的社会实践活动。"②思想政治教育和社会主义核心价值观教育的着眼点都是要解决人的思想认识问题,其根本目的都是为阶级发展和社会发展培养合格的人才。两者所要达到的教育效果相似,都是通过对社会成员的教育和渗透解决人的思想认识问题。思想政治教育学科的学科门类和一级学科的归属,经历了一个变化调整并最终得以确定的过程,这一学科的发展速度、规模、效益都得到了较大程度的提高。1984年4月,教育部印发了《关于在十二所院校设置思想政治教育专业的意见》(〔84〕教政字005号文件),决定批准南开大学、复旦大学、武汉大学、东北师范大学、陕西师范大学、华东师范大学、华中师范

① 顾明远等:《教育大辞典》(上),上海教育出版社,1998年,第725页。
② 陈万柏、张耀灿:《思想政治教育学原理》(第3版),高等教育出版社,2015年,第4页。

学院、西南师范学院、清华大学、北京钢铁学院、上海交通大学、大连工学院首批设置思想政治教育专业,试点工作的目的是"主要为高等学校培养思想政治工作人员,同时摸索兴办这类专业的经验"①。这一文件的颁发标志着思想政治教育本科专业正式创立, 思想政治教育专门人才的培养工作正式启动。1987 年 12 月,国家教育委员会颁布的《普通高等学校社会科学本科专业目录》,首次将"思想政治教育"列入高校本科专业目录。2005 年 2 月,《中共中央宣传部、教育部关于进一步加强和改进高等学校思想政治理论课的意见》第一次明确提出设立"马克思主义一级学科"。2005 年 12 月,《国务院学位委员会、教育部关于调整增设马克思主义理论一级学科及所属二级学科的通知》正式规定:在"法学"门类中增设马克思主义理论一级学科,"思想政治教育"则被列为马克思主义理论一级学科的二级学科之一。思想政治教育学科是在思想政治教育实践的需要中产生和发展起来的, 要注重促进思想政治教育学科内部各个要素及其结构的优化和整体的质的提升。

思想政治教育是侧重于以"政治"为核心内容的思想教育,社会主义核心价值观教育是侧重于以"价值观"为核心内容的思想教育。就其本质而言,都属于思想教育。思想教育最早由毛泽东在《论联合政府》一文中提出来,被大家广泛运用。思想政治教育的实施需要以社会主义核心价值观为价值导向, 以人们对社会主义核心价值观的认知和践行程度作为衡量思想政治教育实效性的检验尺度。在当前实施思想政治教育的过程中,在思想政治教育基本内容的基础上, 思想政治教育应当突出社会主义核心价值观这个重点和主线。对社会主义核心价值观教育的研究,必将有助于深化与丰富整个思想政治教育理论体系。

---

① 教育部思想政治工作司组编:《加强和改进大学生思想政治教育重要文献选编(1978—2014)》,知识产权出版社,2015 年,第 23 页。

3.厘清学校德育与社会主义核心价值观教育的关系

德育是侧重于以"道德"为核心内容的思想教育。"所谓'德育',指的是一定的社会或阶级,为培养和提高受教育主体思想政治品德的综合素质而进行的相关教育。"①广义的德育除包括伦理道德教育外,还包括理想信念教育、社会主义核心价值观教育、中华优秀传统文化教育、生态文明教育、心理健康教育。司马迁的《史记》曾讲到轩辕黄帝"修德振兵",说明早在上古时代,就有了德育活动的萌芽。中华民族德育思想源远流长、博大精深,既有受教育者自我教育的方法,如儒家学者所倡导的"学思并重""省察克治""慎独自律""知行合一""积善成德"等方法,也有教育者实施教育的方法,如儒家学者所倡导的"因材施教""循循善诱""环境陶冶""情感熏陶""齐之以礼"等方法。众多思想家在德育理论方面所取得的思想成果和德育方法的设计与运用,值得我们认真发掘探索、总结规律,为推进德育实践提供参考和借鉴。

1995 年 11 月,国家教育委员会关于颁布试行的《中国普通高等学校德育大纲》是高等学校德育的纲领性文件,旨在加强和改进高校德育工作,指出"德育即思想、政治和品德教育,它体现教育的社会性与阶级性,是学校教育的重要组成部分"②。2001 年 9 月,中共中央印发《公民道德建设实施纲要》,强调"从公民道德建设入手,继承中华民族几千年形成的传统美德,发扬党领导人民在长期革命斗争与建设实践中形成的优良传统道德,借鉴世界各国道德建设的成功经验和先进文明成果,努力建立与发展社会主义市场经济相适应的社会主义道德体系"。③2004 年 2 月,《中共中央、国务院关于进一步加强和改进未成年人思想道德建设的若干意见》指出,"加强和改

---

① 黄钊:《中国古代德育思想史论》(上),中国社会科学出版社,2011 年,第 1 页。

② 教育部思想政治工作司组编:《加强和改进大学生思想政治教育重要文献选编(1978—2014)》,知识产权出版社,2015 年,第 154 页。

③ 教育部思想政治工作司组编:《加强和改进大学生思想政治教育重要文献选编(1978-2014)》,知识产权出版社,2015 年,第 224 页。

进未成年人思想道德建设,是全党全社会的共同任务"①。2005 年 4 月,《教育部关于整体规划大中小学德育体系的意见》强调,"德育主要是对学生进行政治、思想、道德、法制、心理健康教育"②。2019 年 10 月,中共中央、国务院印发了《新时代公民道德建设实施纲要》,强调"坚持以社会主义核心价值观为引领,将国家、社会、个人层面的价值要求贯穿到道德建设各方面,以主流价值建构道德规范、强化道德认同、指引道德实践,引导人们明大德、守公德、严私德"③。特别指出培育和践行社会主义核心价值观是重点任务之一,引导人们把社会主义核心价值观作为明德修身、立德树人的根本遵循。我国德育总体上经历了由政治教育到思想教育、品德教育(道德教育)、社会意识形态教育,直至德育体系的发展过程,体现了教育的社会性与阶级性。

德育和社会主义核心价值观教育都要借助教学载体、网络载体、活动载体、文化载体、管理载体等作为开展教学活动的平台和达到教学目标的手段,两者的教育环节与教育载体相同。社会主义核心价值观教育要充分利用学校德育的宝贵经验和有益成果,在学校德育已取得成效的基础上开展社会主义核心价值观教育。从术语的使用范围上看,古今中外所有的国家、政党等都有核心价值观教育,但很多不用这一词语表达。而德育一词的使用范围就非常广泛,凡是举办教育、设立学校的国家,几乎都在使用。而且德育内容中就包括了价值观教育。从教育内容的侧重点来看,核心价值观教育更侧重价值观教育,注重使学生对是非、对错、善恶、美丑、好坏有正确认识;德育更侧重于道德教育,注重对学生品德的塑造和道德的践履,注重学生良好品格的养成。

---

① 《中华人民共和国学校思想政治理论课重要文献选编》(下册),人民出版社,2022 年,第 1063 页。

② 教育部思想政治工作司组编:《加强和改进大学生思想政治教育重要文献选编(1978—2014)》,知识产权出版社,2015 年,第 316 页。

③ 《新时代公民道德建设实施纲要》,人民出版社,2019 年,第 4 页。

(三)社会主义核心价值观教育机制

教育机制作为教育理论范畴中的概念,本身是一个关系范畴。社会主义核心价值观教育机制与制度、体制、方法等概念有着密切的关系,除了要把握社会主义核心价值观教育机制的内涵, 还需要将社会主义核心价值观教育机制与社会主义核心价值观教育制度、社会主义核心价值观教育体制、社会主义核心价值观教育方法等相关概念进行比较区分。

1.把握社会主义核心价值观教育机制的内涵

机制一词起源于希腊文"mechane",原意指机器、机械,兼有"机械装置""机构""结构""作用过程""途径""技巧"等多种含义。在《辞海》中,对机制的解释包括原初含义和引申含义两种:"机制,原指机器的构造和动作原理,生物学和医学在研究一种生物的功能(例如光合作用或肌肉收缩)时,常借指其内在工作方式,包括有关生物结构组成部分的相互关系,及其间发生的各种变化过程的物理、化学性质和相互联系。"[①]在《现代汉语词典》中,机制的含义有四种:"机器的构造和工作原理;机体的构造、功能和相互关系;指某些自然现象的物理、化学规律;泛指一个工作系统的组织或部分之间相互作用的过程和方式。"[②]教育机制可定义为:"是由教育内、外部与教育活动有关的社会要素和教育要素、在与教育密切联系、相互作用的原则下、有机结合成的一种多维度、多层面、自调控、自平衡、非稳定的社会与教育互动系统和关系结构,它能规范、控制、推动、引导教育按照非此不可的路线、速度、规模、形式及趋势运动和发展。"[③]

所谓社会主义核心价值观教育机制, 是指社会主义核心价值观教育系

---

① 辞海编辑委员会:《辞海》1999 年版缩印本,上海辞书出版社,2002 年,第 746 页。

② 《现代汉语词典》(第 5 版),商务印书馆,2006 年,第 628 页。

③ 王长乐:《教育机制论》,吉林人民出版社,2001 年,第 14 页。

统各构成要素在遵循一定机理的基础上相互作用所形成的比较稳定的关系及其内在运行的过程和方式。社会主义核心价值观教育机制的建立和创新要遵循社会主义核心价值观教育规律,同时还要遵循自身的发展变化规律。创新大学生社会主义核心价值观教育机制要综合考虑机制的要素、结构、功能、运行和演进,使各要素完备充分,把教育机制作为一个有机、有序的动态整体进行系统研究,力求使每一个机制都能够是闭合的、自动运行的系统,且相互之间能够互联互动,有效发挥作用。一方面,要对大学生社会主义核心价值观教育的宣传舆论机制、课堂教学机制、实践养成机制、校园文化建设机制等机制的构成要素进行系统分析,通过其内部各机制的健全、优化和完善来实现机制创新,形成环环紧扣、啮合传动的长效机制;另一方面,通过健全由考评机制、监督机制和保障机制等构成的考评监督体系,使整个教育机制创新系统不断运行演进,呈现出既有内在自动力,又有外在推动力的动态过程,从而在各种具体机制创新的基础上实现系统创新。

2.社会主义核心价值观教育机制与社会主义核心价值观教育制度辨析

在汉语中,制度又可分为"制"和"度"。"制"有限制或者节制的内涵,"度"主要指凡事都要有个标准和限度。合起来看,制度就是对人们行为的一种约束力并被人为客观化了的规范。根据《辞海》中对制度的解释,一是"要求成员共同遵守的、按一定程序办事的规程或行动准则",二是"在一定的历史条件下形成的政治、经济、文化等各方面的体系",三是"旧指政治上的规模法度"。①社会主义核心价值观教育制度是指教育主体、客体必须遵守的基本规范和行为标准,对社会主义核心价值观教育起到规范、约束和调节的作用。

社会主义核心价值观教育机制更强调各要素之间的相互关联和相互作

---

① 辞海编辑委员会:《辞海》1999 年版缩印本,上海辞书出版社,2002 年,第 2197 页。

用,而社会主义核心价值观教育制度更强调实体性。社会主义核心价值观教育机制是隐性的,而社会主义核心价值观教育制度是显性的,有时候正是社会主义核心价值观教育机制的表现形式。在一定意义上,机制又包含着制度,制度是机制的重要要素,为机制的有效运行服务。

3.社会主义核心价值观教育机制与社会主义核心价值观教育体制辨析

在《辞海》中,体制是指"国家机关、企业事业单位在机构设置、领导隶属关系和管理权限划分等方面的体系、制度、方法、形式等的总称。如政治体制、经济体制等"①。包括我们常说的经济体制、政治体制、教育体制等。教育体制是教育体系和教育制度的总称。其中,教育体系是指一个国家根据政治、经济和文化科学发展水平所确定的各类层次教育的地位及其相互衔接和联系的系统。教育制度则是指在一个国家内各种教育机构的总和,包括各级各类学校教育机构、少儿校外教育机构、成人教育机构等。教育体制是一个国家内各层次教育机构的全部教育制度的总称。社会主义核心价值观教育机制和社会主义核心价值观教育体制含义并不相同,具有差异性的同时还具有很强的关联性。社会主义核心价值观教育机制和社会主义核心价值观教育体制运行规则都是人为设定的,具有强烈的社会性。

社会主义核心价值观教育机制更强调机体的组织结构相互作用和具体运行过程合理高效,强调运作过程的动态性、有序性,而社会主义核心价值观教育体制强调静态的规章制度和组织体系,侧重于研究教育者在教育活动中所采用的组织方式及相关制度规范,社会主义核心价值观教育体制的完善需要通过深化改革来实现。

4.社会主义核心价值观教育机制与社会主义核心价值观教育方法辨析

方法是人们认识世界和改造世界的重要手段和工具。社会主义核心价

---

① 辞海编辑委员会:《辞海》1999 年版缩印本,上海辞书出版社,2002 年,第 1658 页。

值观教育方法，就是教育者和受教育者在社会主义核心价值观教育过程中为了达到教育目的所采用的手段和方式，主要指具体的工具、方式和手段，包括思想方法和工作方法。社会主义核心价值观教育机制的运行和功能的发挥需要借助一定的科学方法才能有效运行，社会主义核心价值观教育方法作用的发挥也必须通过教育机制的运行来实现。

社会主义核心价值观教育机制主要指社会主义核心价值观教育诸要素之间的内在关系和运行方式，反映了对社会主义核心价值观教育的认识由现象的描述进入了本质的揭示，抽象程度明显比社会主义核心价值观教育方法高。

第一章 大学生社会主义核心价值观教育机制创新的基础

2023 年 5 月,习近平在二十届中共中央政治局第五次集体学习时强调:"要坚持不懈用新时代中国特色社会主义思想铸魂育人,着力加强社会主义核心价值观教育,引导学生树立坚定的理想信念,永远听党话、跟党走,矢志奉献国家和人民。"[①]加强大学生社会主义核心价值观教育,既是全面贯彻党的教育方针的基本要求,又是落实立德树人根本任务的必然要求。大学生社会主义核心价值观教育机制创新既有价值观理论、马克思主义关于青年教育的理论和中国化马克思主义关于青年教育的思想作为理论基础,也有教育优先发展战略的坚持、立德树人根本任务的落实、教育领域综合改革的深化作为现实基础。同时,还要在中华优秀传统德育理论和世界有益文明成果的启示中汲取营养。

---

① 《习近平在中共中央政治局第五次集体学习时强调 加快建设教育强国 为中华民族伟大复兴提供有力支撑》,《人民日报》,2023 年 5 月 30 日。

一、理论基础

社会主义核心价值观理论既包含中华优秀传统文化中讲仁爱、重民本、守诚信、崇正义、尚和合、求大同等价值传统，又包括以"三个倡导"为核心内容的价值追求。另外，马克思、恩格斯、列宁等马克思主义经典作家十分重视对青年开展各种教育，强调对青年的教育应该始终同社会实践结合起来。马克思、恩格斯所创立的马克思主义哲学、政治经济学、科学社会主义等学说，是大学生社会主义核心价值观教育机制创新的重要理论来源。同时，在新民主主义革命时期、社会主义革命和建设时期、改革开放和社会主义现代化建设新时期、中国特色社会主义新时代都形成了中国化马克思主义关于青年教育的思想，这些都构成了研究大学生社会主义核心价值观教育机制创新的重要理论基础。

（一）价值观理论

2014年5月，习近平指出："核心价值观，承载着一个民族、一个国家的精神追求，体现着一个社会评判是非曲直的价值标准。"[①]社会主义核心价值观植根于中华优秀传统文化，也体现了中华民族在漫漫历史进程中形成的精神气质和精神品格。大学生是祖国的未来，民族的希望。大学生成长成才需要社会主义核心价值观进行价值引领，这就需要吸收借鉴中华优秀传统文化中的有益思想并深刻理解社会主义核心价值观的基本内涵。

1.中华优秀传统文化中的价值观

在中华民族文明发展过程中逐步形成的讲仁爱、重民本、守诚信、崇正

---

① 习近平：《青年要自觉践行社会主义核心价值观——在北京大学师生座谈会上的讲话》，人民出版社，2014年，第4页。

义、尚和合、求大同等价值传统和价值观念，是中国人赖以生存和不断发展的道德规约和道德准则，也是维系中华民族世代延续发展的精神核心和精神标识，展现了中华民族悠久灿烂的历史文化和历久弥新的精神世界。中华文明之所以历经沧桑而不辍，成为世界上唯一没有中断的文明，一个极为重要的原因正在于其所具有的突出的创新性。我们要继续秉持守正不守旧、尊古不复古的进取精神，把握时代特征、顺应时代变化，使中华文明长河不断以新的气象澎湃向前。创新大学生社会主义核心价值观教育机制，要"坚持中华优秀传统文化教育与培育和践行社会主义核心价值观相结合。要坚持历史唯物主义和辩证唯物主义的立场、观点和方法，深入挖掘和阐发中华优秀传统文化讲仁爱、重民本、守诚信、崇正义、尚和合、求大同的时代价值"①。

第一，讲仁爱。孔子道德教育思想的基本内容由以"仁"为纲，兼以"恭宽信敏惠"为目构成，是中国古代道德教育思想体系的坚实的理论基础。孔子第一个提出"爱人"概念。"樊迟问仁。子曰：'爱人'。"（《论语·颜渊》）孔子道德教育思想中包含的"爱人"，远远超越了之前社会普遍伦理关系中的"爱亲"。"仁"强调人与人之间交往的相互关系，语境中具有非常明显的利他性。在中华传统美德和传统核心价值观中，"仁"居于核心地位。"仁"最早出自《尚书》。《尚书·仲虺之诰》上说，"克宽克仁，彰信兆民"。"六经"上所讲的"仁"，也始于此。在孔子的思想中，在协调处理人与人之间关系时强调"忠恕之道"，主要是以自己的诉求理解别人，并学会尊重、宽容、理解、饶恕他人。忠就是"己欲立而立人，己欲达而达人"（《论语·雍也》）；恕就是"己所不欲，勿施于人"（《论语·卫灵公》）。同时，孔子把"礼"看作"仁"的行为准则，把"仁"看作"礼"的道德规范，通过实践"礼"的要求来体现"仁"。孟子说"仁者爱人，有礼者敬人；爱人者人恒爱之，敬人者人恒敬之"。（《孟子·离娄章句

---

① 教育部思想政治工作司组编：《加强和改进大学生思想政治教育重要文献选编（1978—2014）》，知识产权出版社，2015年，第670页。

下》)由"爱亲"推及"爱人",进而主张"仁民",利他性特征彰显无遗。孟子认为仁体现的是爱人之心,在处理人与人之间关系上,孟子提出了著名的"五伦",核心是把五种基本的关系处理好,就会有安定有序的社会秩序。"五伦"从道德层面规范了更好地协调人与人之间关系的方法,但其从属于封建社会道德规范,因而具有明显的不公平和不对等性。大学生社会主义核心价值观教育要吸收其合理有益精华,摒弃其与时代发展要求和社会主义本质不符的糟粕,推陈出新,与时俱进。

第二,重民本。在原始信仰里,儒家思想中关于天的观念落实于民,又把民上升于神。认为"天聪明,自我民聪明。天明畏,自我民明畏"(《尚书·皋陶谟》)。再如"天视自我民视,天听自我民听"(《尚书·泰誓》)。儒家的"民本思想"分别表现在对民的重视和对统治者的贤德的要求上,主张一方面"重民"和"爱民",另一方面实行"德治"和"仁政"。他们所关注的不是贵族威严和权益,而是平民意志和命运,强调"民为邦本,本固邦宁",告诫统治者"政之所兴在顺民心,政之所废在逆民心",强调"水能载舟,亦能覆舟",甚至提出"民为贵,社稷次之,君为轻"。传统儒家的"民本思想"蕴含朴素的亲民爱民思想,其中"民利至上"和"重视民意"的理念影响深远,但其本质是封建君主专治。今天我们要传承和弘扬其中的精华,赋予其全新的理论内涵和时代内涵。

第三,守诚信。诚信是社会道德体系不可缺少的一部分,是中华优秀传统文化传承发展的精髓。"古者言之不出,耻恭之不逮也。"(《论语·里仁》)意思是古代有道德的人不轻易许诺,言语谨慎负责,言出必行,答应了别人的事情要努力办到。古人云"君子一言,驷马难追"就是这个道理。《论语·学而》中讲道:"信近于义,言可复也。恭近于礼,远耻辱也。因不失其亲,亦可宗也。""吾日三省吾身:为人谋而不忠乎?与朋友交而不信乎?传不习乎?"诚信的原则是社会交往的最基本原则,违背了这条最基本的社交原则,就会失去他人的信任，无法在社会上立足。《论语·学而》中记载，"道千乘之国，敬事而信"。诚信是做人的基本品德，也是大学生成长成才的重要基石。

第四，崇正义。在中华优秀传统价值观中，"正"具有正当、公正之意，"义"含有应当和适宜的含义。二者连用，如"正利而为谓之事，正义而为谓之行""苟非正义，则谓之奸邪"（《荀子·正名》）。《墨子·天志下》也说："义者，正也。""义"包含人的行为标准的正当与公正和社会制度评判上的适宜与公平。社会秩序上的和谐是公平正义的体现。孔子、儒家追求"天下为公""唯公然后可正天下"（《墨子·天志下》）。"义"意味着"公"，社会主义核心价值观社会层面追求的自由、平等、公正、法治都以"公义"为前提。贾谊《新书·威不信》也说："古之正义，东西南北，苟舟车之所达，人迹之所至，莫不率服。"所谓"义"，无非是要求人们遵守道德礼义。当"义"与"利"相冲突时，要"义以为上"（《论语·阳货》），"见利思义"（《论语·宪问》），"见得思义"（《论语·季氏》）。古人道义为先的价值取向是中华民族的宝贵精神财富。"义"的内涵规定性要求社会成员"轨于正义"（《史记·游侠列传》），遵守人伦秩序。解决了基本的"人之为人"的问题，还需要有更高的要求，这就是要履行社会责任和道德义务。殷商鼎革之际，姜太公告周文王以"至道之言"，说"义胜欲则昌，欲胜义则亡"（《六韬·明传》）。无论提升国家治理境界还是个人成长，"义"都是要认真强调的道德人伦责任。正义是社会伦理中的责任担当，除了解决基本的问题，还需要有更高层面的道德要求，这就是要严格履行社会责任以及道德义务。无论是治理国家还是大学生个人发展，"义"都是要认真强调的道德人伦责任。

第五，尚和合。和合一词最早出见于先秦典籍《国语·郑语》中："商契能和合五教，以保于百姓者也。"中华民族一贯在处理国际关系和面对国际问题时采用"协和万邦"的原则；无论是自身行为还是化解国家、民族、种族、宗教之间冲突都采用"推己及人"的原则；在与世界各国、民族、地区、宗教和平共处时采用"和而不同"的原则。中华民族独特的海纳百川的多元性、包容性的思维方式，与西方由唯一的形而上本体或造物主创生万物的排他性、独裁性的零和博弈思维方式形成鲜明对比。"中华文明具有突出的和平性，从根本上决定了中国始终是世界和平的建设者、全球发展的贡献者、国际秩序的维护者，决定了中国不断追求文明交流互鉴而不搞文化霸权，决定了中国不会把自己的价值观念与政治体制强加于人，决定了中国坚持合作、不搞对抗，决不搞'党同伐异'的小圈子。"①中国自古以来没有殖民统治和侵略他国的历史，和平理念深深融入中华民族的血脉和中国人民的基因中。《中庸》说："和也者，天下之达道也。"中华民族"和"文化源远流长，为打造人类命运共同体的主张提供了文化土壤和宝贵资源。和平发展、合作共赢也一直是中国长期坚持和不懈践行的外交理念与交往原则，蕴含着深厚的中国智慧，也体现了民主、文明、和谐、自由、平等、公正、友善等社会主义核心价值观的价值导向。

第六，求大同。《尚书·洪范》最早提到了"大同"，但真正用大同来指称社会理想的则是《礼记·礼运》："大道之行也，天下为公。选贤与能，讲信修睦。故人不独亲其亲，不独子其子。使老有所终，壮有所用，幼有所长。矜寡孤独废疾者，皆有所养。男有分，女有归。货恶其弃于地也，不必藏于己。力恶其不出于身也，不必为己。是故谋闭而不兴，盗窃乱贼而不作。故外户而不闭。是谓大同。"所谓大同，克服了家天下制度下包含的亲疏远近等区分，打破了人我的界限。从历史的基础来看，《中庸》说："祖述尧舜，宪章文武"，尧舜行禅让和文武尚德授贤，二者提供的政治典范完全不同，前者实行禅让，后者实行宗法制度。康有为《大同书》提出建立一个没有阶级、一切平等、天下为公的大同世界，激活传统的思想资源，赋予大同思想新的意义。孙中山曾手

---

① 《习近平在文化传承发展座谈会上强调 担负起新的文化使命 努力建设中华民族现代文明》，《人民日报》，2023 年 6 月 3 日。

抄《礼记》大同章，并以"天下为公"诠释了"民有、民治、民享"的理念。对天下太平、大同社会的向往和追求是中华民族绵延数千年的理想，描绘出了一幅人人都能安居乐业，物尽其用、人尽其力的大同社会画卷，持续强化着中华民族的凝聚力，铸就了中华文明独特的品格。

中华优秀传统文化是中华民族的突出优势，是我们最深厚的文化软实力。大学生社会主义核心价值观的构建，离不开中华优秀传统文化的滋养，更离不开中国的现实土壤和历史传统。我们要让讲仁爱、重民本、守诚信、崇正义、尚和合、求大同的中华优秀传统文化成为涵养社会主义核心价值观的重要源泉，构建充分反映中国特色、民族特性、时代特征的价值体系，积极培育和践行社会主义核心价值观。大学生社会主义核心价值观教育要在立足和传承中华优秀传统文化的基础上开创未来，展现中华民族跨越时空又有永恒魅力的精神旗帜，不断增强中华民族的价值共识。大学生社会主义核心价值观教育机制创新更要在中华优秀传统文化的德育体系中吸收和借鉴有益手段和有效方法，古为今用，兼收并蓄。

2.社会主义核心价值观的基本内涵

准确把握社会主义核心价值观的基本内涵，要从准确理解价值、价值观、核心价值观等概念出发。"价值"正如马克思所说："它们最初无非是表示物对于人的使用价值，表示物的对人有用或使人愉快等等的属性。按事物的性质来说，'value，valeur，Wert'这些词在词源学上不可能有其他的来源。使用价值表示物和人之间的自然关系，实际上是表示物为人而存在。"①价值作为哲学范畴，表示客体的存在、属性和变化对于主体人所具有的积极的或消极的意义。主体性、客观性和社会历史性是价值的基本特征。"实践和认识相互包含、相互促进、相互转化，使主客体之间的每一相互作用在完成之时又

---

① 《马克思恩格斯全集》（第35卷），人民出版社，2013年，第277页。

开始新的循环,其结果是客体愈来愈主体化,主体愈来愈客体化,主客体之间呈现出彼此不断接近,但永远不会最终完结的无限过程。"①价值问题是人类与生俱来的问题,价值关系是人类实践的基本关系。人类对于价值问题的思考是逐渐从自发到自觉、从简单到复杂的过程。正确理解价值,必须坚持辩证唯物主义和历史唯物主义的立场,从认识世界、改造世界的现实活动出发。

价值观是指人们形成的对事物价值的总的看法和观点,即主体对自我和对外界事物或现象所包含的认知和评价。价值观是人们对世界的价值的判断,是对社会、他人以及与自己关系的一种具有系统性、综合性和稳定性的观点。价值观的主体可以是个体,也可以是群体。价值观的形成和发展总是与主体的经济状况、社会地位、成长经历和文化传统等有密切的联系。一个人的价值观一旦形成,就会对他的态度、情感和行为等产生潜移默化的影响和指引作用。大学生正处于成长成才的关键时期,需要正确价值观的引领,这一时期的社会主义核心价值观教育对实现培养德智体美劳全面发展的社会主义建设者和接班人的培养目标尤为重要。

所谓核心价值观是一定社会形态社会性质的集中体现,在多种价值观中居于最关键的地位,对一般价值观起着主导和支配作用,决定着国家、社会和民族的思想观念,体现着统治阶级的思想。马克思说:"统治阶级的思想在每一个时代都是占统治地位的思想。这就是说,一个阶级是社会上占统治地位的物质力量,同时也是社会上占统治地位的精神力量。支配着物质生产资料的阶级,同时也支配着精神生产资料,因此,那些没有精神生产资料的人的思想,一般地是隶属于这个阶级的。"②核心价值观是能够得到大多数人的认同并且内化于心的,具有强势的说服力和有力的价值引领,并且逐渐成

---

① 李德顺:《价值论—— 一种主体性的研究》(第3版),中国人民大学出版社,2013年,第46~47页。
② 《马克思恩格斯文集》(第一卷),人民出版社,2009年,第550页。

为人们的自觉选择和践行准则。"批判的武器当然不能代替武器的批判,物质力量只能用物质力量来摧毁;但是理论一经掌握群众,也会变成物质力量。"①核心价值观正是具有强大的说服力,才成为人们日用而不知的行为准则。

社会主义价值观是对社会主义价值的总看法和总观点,是在其中占据核心地位并起指导作用的价值理念和价值准则,是一个不断生成的历史范畴。党的十八大报告明确提出了以"三个倡导"为核心内容的社会主义核心价值观,从国家、社会和公民个人三个层面指出了社会主义核心价值观的基本内涵。

(1)国家层面的价值追求

"富强、民主、文明、和谐"是从国家层面对社会主义核心价值观的高度凝练,分别从经济、政治、文化、社会四个方面指明了我国在社会主义初级阶段和新的历史方位下的奋斗目标,国家层面的目标追求与我们需要解决的时代问题相适应,为中国特色社会主义事业的发展提供了价值导向。

富强是生产力标准和价值标准的统一,是国家发展、社会进步、人的自由而全面发展的物质基础和保障。中国很早就有富民强国的思想,如《管子》:"主之所以为功者,富强也。"中华民族在追求富强的道路上曾取得过辉煌成就,创造了一个又一个的辉煌盛世,也曾闭关自守,故步自封,有过惨痛教训。1840年鸦片战争以后,国家蒙辱、人民蒙难、文明蒙尘。"自强、求富"的梦想终结于甲午惨败的风云;"百日维新"昙花一现,落幕于"戊戌六君子"血荐轩辕;孙中山首先喊出"振兴中华"的口号,终因其阶级局限和革命的不彻底而失败。领导中国人民探索富强道路的责任历史地落在了中国共产党人的肩上。中国共产党带领中国人民创造了新民主主义革命的伟大成就,建立

① 《马克思恩格斯文集》(第一卷),人民出版社,2009年,第11页。

了人民当家作主的中华人民共和国,实现了民族独立、人民解放,这是富强的前提。新中国成立后,党领导全国人民完成了社会主义改造,确立了社会主义基本制度,为富强奠定了根本政治前提和制度基础。

改革开放以来,实现了从生产力相对落后的状况到经济总量跃居世界第二的历史性突破。马克思主义认为,生产力与生产关系、经济基础与上层建筑的矛盾,构成人类历史发展的基本矛盾和主要动力。邓小平指出:"社会主义的本质,是解放生产力,发展生产力,消灭剥削,消除两极分化,最终达到共同富裕。"①对正确的价值标准的确立,提出了"三个有利于"的著名论断,即"判断的标准,应该主要看是否有利于发展社会主义社会的生产力,是否有利于增强社会主义国家的综合国力,是否有利于提高人民的生活水平。"②物质生产是人类生存和社会发展的基础,富强作为一种价值目标,是推动社会主体发展的主要动因。实现国家富强和人民富裕,是近代以来中国人民的热切期盼,是中国共产党人的不懈追求。建设中国特色社会主义,首要任务就是摆脱贫困,实现国富民强。社会主义富强观兼顾生产力标准的效率原则和共同富裕价值标准的公正诉求,是对中国传统的平均主义富强观和西方资本主义两极分化富强观的超越。党的十八大以来,中国特色社会主义进入新时代,中华民族迎来了从站起来、富起来到强起来的伟大飞跃。富强是国家层面的价值目标,又与每一个中国人息息相关。当代大学生是践行社会主义富强观的主体,将全程参与"两个百年"奋斗目标,要承担富强中国的责任和使命,提高知识水平,增强实践才干,将自己的所学所研与国家和民族的发展同频共振,把个人成长与祖国昌盛紧密联系在一起,为国家发展做出更大的贡献。

---

① 《邓小平文选》(第三卷),人民出版社,1993 年,第 373 页。
② 《邓小平文选》(第三卷),人民出版社,1993 年,第 372 页。

民主是一种政治实践和制度确立，是一种人类向往的价值理念和价值夙愿，既有普遍性，又有相对性。在中国传统文化中，民主意为为民做主，最早见于《尚书》，如"天惟时求民主""诞作民主"等。马克思、恩格斯在《共产党宣言》中谈到无产阶级的解放时说："工人革命的第一步就是使无产阶级上升为统治阶级，争得民主。"①可以说，马克思主义从诞生的那天起，就是同人民民主联系在一起的。人民民主是中国共产党人的不懈追求。新中国成立前，在抗日根据地、解放区的广大农村，中国共产党使用了很多有创意的办法开展广泛的民主选举活动，例如被广泛传颂的"豆选"。1945 年 7 月，著名的"窑洞对"是对"民主是社会主义的生命"重要意义的最好诠释。"毛泽东同志在延安的窑洞里给出了第一个答案。"②"我们已经找到新路，我们能跳出这周期率。这条新路，就是民主。只有让人民来监督政府，政府才不敢松懈。只有人人起来负责，才不会人亡政息。"③当前，基层民主中也有很多接地气、聚人气的民主实践，从"小院议事厅"到"板凳民主"，从线下"圆桌会"到线上"议事群"，从过去的"为民做主"变成"让民做主"，使"微治理"富有活力、更有效率，增强了基层群众的民主意识和民主能力，培养了基层群众的民主习惯，充分彰显了中国民主的广泛性和真实性。

中国的社会主义民主政治，根植于中华民族几千年来赖以生存和发展的广阔沃土，产生于中国共产党和中国人民为争取民族独立、人民解放和国家富强而进行的伟大实践，是适合中国国情和社会进步要求的选择。2005 年 10 月，中华人民共和国国务院新闻办公室发表了《中国的民主政治建设》白皮书，这是中国政府首次发表关于民主政治建设的政府文告。2021 年 12 月，中华人民共和国国务院新闻办公室发表《中国的民主》白皮书，强调"中国的

---

① 《马克思恩格斯选集》（第一卷），人民出版社，2012 年，第 421 页。

② 《习近平谈治国理政》（第四卷），外文出版社，2022 年，第 541 页。

③ 黄炎培：《延安归来》，国家行政管理出版社，2021 年，第 61 页。

民主是人民民主,人民当家作主是中国民主的本质和核心"①。人民群众是社会历史的主体,是历史的创造者。在社会历史发展过程中,人民群众起着决定性的作用。习近平在庆祝中国共产党成立100周年大会上的讲话中指出:"新的征程上,我们必须紧紧依靠人民创造历史,坚持全心全意为人民服务的根本宗旨,站稳人民立场,贯彻党的群众路线,尊重人民首创精神,践行以人民为中心的发展思想,发展全过程人民民主,维护社会公平正义,着力解决发展不平衡不充分问题和人民群众急难愁盼问题,推动人的全面发展、全体人民共同富裕取得更为明显的实质性进展!"②发展全过程人民民主必须激发人民创造活力,发挥人民主体创造精神,并通过国家政治、法律制度体系安排切实保障和体现人民当家作主,保证人民通过人民代表大会行使国家权力,健全社会主义协商民主制度,完善基层民主制度,健全权力运行制约和监督体系。人民代表大会制度、中国共产党领导的多党合作和政治协商制度、民族区域自治制度、基层群众自治制度……把民主选举、民主协商、民主决策、民主管理、民主监督贯通起来,是全链条、全方位、全覆盖的民主,构建起人民当家作主制度体系。

党的二十大报告指出:"人民民主是社会主义的生命,是全面建设社会主义现代化国家的应有之义。全过程人民民主是社会主义民主政治的本质属性,是最广泛、最真实、最管用的民主。"③发展全过程人民民主,是中国式现代化的本质要求,是社会主义民主政治建设的重大创新。好的民主一定是实现良政善治的,一定是推动国家发展的。在中国共产党的领导下,中国人民创造了经济快速发展和社会长期稳定两大奇迹。中国之治的"密码",就藏在全链条、全方位、全覆盖的全过程人民民主进程中。世界上没有放之四海

---

① 《国务院新闻办发表〈中国的民主〉白皮书》,《人民日报》,2021年12月5日。

② 习近平:《在庆祝中国共产党成立100周年大会上的讲话》,《人民日报》,2021年7月2日。

③ 习近平:《高举中国特色社会主义伟大旗帜 为全面建设社会主义现代化国家而团结奋斗——在中国共产党第二十次全国代表大会上的报告》,人民出版社,2022年,第37页。

而皆准的民主发展道路和民主模式，不同国家和民族必须根据自己的历史传统与现实条件，选择和探索适合自身发展的政治道路和民主模式。民主是各国人民的权利，而不是少数国家的专利。当代大学生应树立马克思主义民主观，从理论上分清无产阶级民主与资产阶级民主的界限，以发展的观点看待社会主义民主建设，提高政治参与意识和能力，提升民主素养，为我国的民主建设贡献自己的力量。

文明是国家发展强大的目标，是人类改造物质世界和精神世界成果的总和。中国文化源远流长，中华文明博大精深。中国被誉为文明古国、礼仪之邦，"习礼仪，知诗书，达事理"是我们的传统美德。"文明"一词最早出自《周易·乾卦》："见龙在田、天下文明"，有"光明"之意。在其他典籍中，文明多指人的教养和开化。中华文明具有讲仁爱、重民本、守诚信、崇正义、尚和合、求大同的精神特质，有着突出的连续性、创新性、统一性、包容性、和平性。在五千多年的历史进程中，不仅创造了丰富的物质文化，也孕育了诸多优秀文化理念，积淀了深厚的中华文明。梁启超在《文明之精神》中写道："文明者，有形质焉。求形质之文明易，求精神之文明难。精神既具，则形质自生；精神不存，则形质无附。然则真文明者，只有精神而已。"强调在建设物质文明的同时，更要守护好精神家园。

中国共产党从成立之日起，就高度重视运用文化引领前进方向、凝聚奋斗力量。早在新民主主义革命时期，毛泽东就提出："我们不但要把一个政治上受压迫、经济上受剥削的中国，变为一个政治上自由和经济上繁荣的中国，而且要把一个被旧文化统治因而愚昧落后的中国，变为一个被新文化统治因而文明先进的中国。"①改革开放和社会主义现代化建设新时期，精神文明被确定为社会主义现代化建设的重要目标，邓小平强调："我们要建设的

---

① 《毛泽东选集》（第二卷），人民出版社，1991 年，第 663 页。

社会主义国家,不但要有高度的物质文明,而且要有高度的精神文明。"①江泽民指出:"要积极探索在社会主义市场经济的条件下搞好精神文明建设的新思路新办法,逐步形成有利于社会主义现代化建设的舆论力量、价值观念、道德规范和文化条件。"②胡锦涛提出树立社会主义荣辱观,并指出:"社会风气是社会文明程度的重要标志,是社会价值导向的集中体现。"③没有社会主义文化繁荣发展,就没有社会主义现代化。"文明是现代化国家的显著标志。"④ 2021 年 7 月,习近平在庆祝中国共产党成立 100 周年大会上的讲话中强调:"我们坚持和发展中国特色社会主义,推动物质文明、政治文明、精神文明、社会文明、生态文明协调发展,创造了中国式现代化新道路,创造了人类文明新形态。"⑤2023 年 6 月,习近平在文化传承发展座谈会上指出:"要坚定文化自信、担当使命、奋发有为,共同努力创造属于我们这个时代的新文化,建设中华民族现代文明。"⑥中华文明是在中国大地上产生的文明,独特的宇宙观、天下观、社会观、道德观,共同塑造出中华文明的突出特性,蕴含着独特的思想和理念,凝结成独特的精神内核。同时,也是同其他文明不断交流互鉴而形成的文明。继全球发展倡议和全球安全倡议后,中国提出全球文明倡议,呼吁共同倡导尊重世界文明多样性。"人类社会创造的各种文明,都闪烁着璀璨光芒,为各国现代化积蓄了厚重底蕴、赋予了鲜明特质,并跨越时空、超越国界,共同为人类社会现代化进程作出了重要贡献。中国式现代化作为人类文明新形态,与全球其他文明相互借鉴,必将极大丰富世

————————
① 《邓小平文选》(第二卷),人民出版社,1994 年,第 367 页。
② 《江泽民文选》(第一卷),人民出版社,2006 年,第 474 页。
③ 《胡锦涛文选》(第二卷),人民出版社,2016 年,第 430 页。
④ 《习近平谈治国理政》(第四卷),外文出版社,2022 年,第 310 页。
⑤ 习近平:《在庆祝中国共产党成立 100 周年大会上的讲话》,《人民日报》,2021 年 7 月 2 日。
⑥ 《习近平在文化传承发展座谈会上强调 担负起新的文化使命 努力建设中华民族现代文明》,《人民日报》,2023 年 6 月 3 日。

界文明百花园。"①大学生要不断提升思想道德素质、科学文化素质和法治素养,有效推动中华优秀传统文化创造性转化、创新性发展,成为社会文明进步的推动者。大学生要在文明的行列里首当其冲,以文载道、以文传声、以文化人,从而展现中华文明的悠久历史和人文底蕴。

和谐作为国家层面的社会主义核心价值观,它的作用是以国家的力量积极化解社会矛盾,形成万众一心的国家力量。在《说文解字》中,"和"字左"禾"右"口",引申为互相唱和的意思;"谐"字原作"龤",指音乐和谐,引申为和合、调和之意。"和谐"是中国传统文化的核心理念,两个字最早同时出现在春秋时期《管子·兵法》:"和合故能谐。"意为和睦团结行动就能协调一致。治军如此,治国也是同理。在人类发展史上,和谐是一种共同的价值诉求,是人类孜孜以求的社会理想。孔子说过"和为贵",孟子描绘了"老吾老以及人之老,幼吾幼以及人之幼"的社会状态。据记载,最早将和谐作为哲学概念使用的是西周的太史伯。太史伯在与郑桓公分析天下大势时讲道:"夫和实生物,同则不继。"(《国语》)意思是不同的事物之间相互协调配合才能产生万物,如果世界上所有的事物都是一样的,这个世界也就不存在了。可见,和谐不是追求无差别的同一,相反,它强调求同存异、和而不同。正如,金木水火土相协调而生万物,酸甜苦辣咸调出美味佳肴,不同音符奏出美妙乐章,不同色彩画出绚烂画卷。中华民族自古以来就有以和为贵的文化传统。在中国的汉字系统中,带有"和"字的成语极为丰富——和气生财、和颜悦色、和睦相处、和衷共济……中华文化是一种"和合文化"。

马克思主义产生之前的空想社会主义,也是以社会和谐的蓝图为主旨的。1803 年,法国空想社会主义者傅立叶发表《全世界和谐》一文,指出"和谐制度"必将取代资本主义制度。1824 年,英国空想社会主义者欧文以"新和

① 习近平:《携手同行现代化之路——在中国共产党与世界政党高层对话会上的主旨讲话》,《人民日报》,2023 年 3 月 16 日。

谐"命名在美国印第安纳州进行共产主义试验。马克思、恩格斯在汲取空想社会主义关于未来社会美好设想的基础上,创立了科学社会主义理论,勾画出共产主义社会的美好蓝图。社会和谐是中国共产党人不懈追求的目标。2002年11月, 党的十六大报告第一次把社会更加和谐作为党要为之奋斗的一个重要目标明确提出来。2004年9月,党的十六届四中全会首次明确提出"和谐社会"的概念,把和谐社会建设摆在重要位置。2005年2月,胡锦涛在中央党校省部级主要领导干部"提高构建社会主义和谐社会能力"专题研讨班上,进一步阐明了构建社会主义和谐社会的基本内涵:"我们所要建设的社会主义和谐社会,应该是民主法治、公平正义、诚信友爱、充满活力、安定有序、人与自然和谐相处的社会。"[①] 2006年10月,党的十六届六中全会审议通过的《中共中央关于构建社会主义和谐社会若干重大问题的决定》指出:"社会和谐是中国特色社会主义的本质属性,是国家富强、民族振兴、人民幸福的重要保证。"[②]大学生要清楚认识个人发展与社会和谐的关系,努力践行社会主义和谐观。同时,和谐也包含了当今人类共同发展的价值目标和价值追求。在构建持久和平、共同繁荣的和谐世界的外交理念基础上,中国提出的构建人类命运共同体主张牢牢占据了人类社会伦理制高点, 为解决人类面临的共同挑战提供了中国方案和中国智慧,是对全人类做出的理论贡献。

(2)社会层面的价值追求

"自由、平等、公正、法治"是从社会层面对社会主义核心价值观的高度凝练,是对理想社会的生动刻画,契合了中国特色社会主义社会管理实践的发展要求。

自由是标志个体存在和社会状态的范畴, 实现人的自由全面发展是社会主义的终极价值。《共产党宣言》写道:"代替那存在着阶级和阶级对立的

---

① 《胡锦涛文选》(第二卷),人民出版社,2016年,第285页。

② 《中共中央关于构建社会主义和谐社会若干重大问题的决定》,《人民日报》,2006年10月19日。

资产阶级旧社会的，将是这样一个联合体，在那里，每个人的自由发展是一切人的自由发展的条件。"①自由不是与生俱来的，但人类对自由的不懈追求却是与生俱来的。共产主义的崇高理想和远大目标，为社会建设指明了前进方向。自由是基于必然性认识之上的客观世界改造，最终实现于实践之中。恩格斯在《反杜林论》中说："自由不在于幻想中摆脱自然规律而独立，而在于认识这些规律，从而能够有计划地使自然规律为一定的目的服务。……自由就在于根据对自然界的必然性的认识来支配我们自己和外部自然；因此它必然是历史发展的产物。"②马克思根据人的发展状况，提出人类发展的三个阶段和形态：人的依赖性社会、物的依赖性社会以及个人自由而全面发展的社会。"人的依赖关系（起初完全是自然发生的），是最初的社会形式，在这种形式下，人的生产能力只是在狭小的范围内和孤立的地点上发展着。以物的依赖性为基础的人的独立性，是第二大形式，在这种形式下，才形成普遍的社会物质变换、全面的关系、多方面的需要以及全面的能力的体系。建立在个人全面发展和他们共同的、社会的生产能力成为从属于他们的社会财富这一基础上的自由个性，是第三个阶段。第二个阶段为第三个阶段创造条件。"③

　　自由不是无拘无束，而是在规律和规范限度内的自觉而能动的行为。孔子说"从心所欲不逾矩"就是这个意思。自由要在道德和法律的框架内，既受到道德的约束，也受到法律的限制。道德对自由的限制，主要靠内心信念、社会舆论和风俗习惯的软性约束力；法律对自由的限制，主要借助国家强制力保证实施。我国宪法第五十一条规定："中华人民共和国公民在行使自由和权利的时候，不得损害国家的、社会的、集体的利益和其他公民的合法的自

---

① 《马克思恩格斯文集》（第二卷），人民出版社，2009年，第53页。
② 《马克思恩格斯文集》（第九卷），人民出版社，2009年，第120页。
③ 《马克思恩格斯文集》（第八卷），人民出版社，2009年，第52页。

由和权利。"①同时,自由总与一定历史阶段的物质条件相关。促进自由是一项系统工程,既需要社会条件不断完善,也需要全体人民觉悟和素质不断提高。自由对当代大学生的全面发展起着至关重要的作用,大学生应该理性对待自由,反对绝对自由,正确把握自由与纪律的关系,自觉以道德和法律的规范来约束自己的行为。

平等是人最基本的权利,也是衡量人类文明发展进步的重要标准。平等观念属于上层建筑,是经济关系的反映。马克思、恩格斯曾向我们深刻揭示社会主义平等与资本主义平等的本质差异。资本主义平等是建立在生产资料私有制基础之上的,容许经济上的阶级剥削,没有消灭由阶级所造成的剥削和不平等。而社会主义平等是建立在生产资料公有制基础上的,实现了人民对生产资料的共同占有和对国家权力的共同支配,为平等的经济、政治和社会权利的实现夯实了基础。面对阶级这一造成不平等的根源,恩格斯说:"无产阶级平等要求的实际内容都是消灭阶级的要求。任何超出这个范围的平等要求,都必然要流于荒谬。"②马克思主义不是从抽象的人性探讨平等,而是从"社会的经济结构以及由经济结构所制约的社会的文化发展"③中考量平等的基础,认为平等是具体的,而不是抽象的,把消灭阶级、解放全人类作为实现平等的前提。社会主义制度为实现社会当中的人的普遍平等奠定了制度基础,是社会主义先进性和真实性的生动体现。法律面前人人平等是我国宪法明确规定的基本原则之一。《中华人民共和国宪法》第四条第一款规定:"中华人民共和国各民族一律平等。"④第三十三条第二款规定:"中华人民共和国公民在法律面前一律平等。"⑤第三十三条第四款规定:"任何公

---

① 《中华人民共和国宪法》,法律出版社,2018年,第71页。
② 《马克思恩格斯文集》(第九卷),人民出版社,2009年,第113页。
③ 《马克思恩格斯选集》(第三卷),人民出版社,2012年,第364页。
④ 《中华人民共和国宪法》,法律出版社,2018年,第62页。
⑤ 《中华人民共和国宪法》,法律出版社,2018年,第68页。

民享有宪法和法律规定的权利,同时必须履行宪法和法律规定的义务。"①也就是说,任何公民不分民族、种族、性别、职业、家庭出身、宗教习惯、教育程度、财产状况、居住期限,都一律平等地享有宪法和法律规定的权利,平等地履行宪法和法律规定的义务。公民的平等权指权利平等、义务平等、法律适用平等、法律界限平等,这四个方面的平等构成了法律上的平等权。2014 年10 月,党的十八届四中全会审议通过《中共中央关于全面推进依法治国若干重大问题的决定》,指出"平等是社会主义法律的基本属性"②。中国梦是国家的、民族的,也是每个中国人的梦。要保证人民平等参与、平等发展权利,维护社会公平正义,使发展成果更多更公平惠及全体人民。大学生要自觉地推动并维护社会公平公正秩序的建立,尽最大可能去促进社会平等的实现。

公正是衡量一个社会的制度安排和意识形态在经济、政治等社会生活的各个领域是否正当合理的重要标准。《说文解字》中讲道,"公"是平分的意思,"正"即"直",不偏不倚。汉语中的"大公无私""大公至正""公而忘私"等词语就表达了这个意思。《尚书·周官》中有言:"以公灭私,民其允怀。"从古至今,公正无私始终是先进人士追求的理想境界。《淮南子》说:"公正无私,一言而万民齐。"康有为在《大同书》中提出要建立一个"人人相亲,人人平等,天下为公"的理想社会,但由于历史和阶级局限,他没有也不可能找到一条实现大同的路。马克思主义第一次把公平正义的实现建立在科学的基础之上,指明了不公正的根源就是私有制和阶级对立以及阶级剥削的产生,实现社会公平正义的基本条件就是整个社会实行生产资料公有制。社会主义的公正理念,是在无产阶级推翻资本主义、消灭一切阶级和剥削的革命实践中产生的。中国共产党从诞生之日起,就追求实现社会公平正义。党领导人民取得新民主主义革命的胜利,实现民族独立和人民解放,为促进社会公平

---

① 《中华人民共和国宪法》,法律出版社,2018 年,第 68 页。

② 《中共中央关于全面推进依法治国若干重大问题的决定》,人民出版社,2014 年,第 6 页。

正义奠定了基础;党领导人民进行社会主义革命、建设和改革,也是为了促进社会公平正义。生产资料公有制保障社会利益分配的起点公正;按劳分配制度保障社会利益分配的程序公正;共同富裕发展目标保障社会利益分配的结果公正。邓小平说:"我们为社会主义奋斗,不但是因为社会主义有条件比资本主义更快地发展生产力,而且因为只有社会主义才能消除资本主义和其他剥削制度所必然产生的种种贪婪、腐败和不公正现象。"①人民群众是推动社会公平的主体和真正力量,必须把最广大人民的根本利益作为制定和贯彻党的路线方针政策的着眼点,使全体社会成员共享改革发展成果。

2022 年 10 月,党的二十大报告指出,"我们坚持把实现人民对美好生活的向往作为现代化建设的出发点和落脚点,着力维护和促进社会公平正义,着力促进全体人民共同富裕,坚决防止两极分化"②我国逐步建立起以权利公平、机会公平、规则公平为主要内容的社会公平保障体系,缩小不同地区、不同行业、不同居民在收入、教育、就业、医疗、社会保障等权利和资源上的差距,使公平正义具体体现在人们从事各项活动的起点、机会、过程和结果之中。公正不等于结果平等,但包含了程序平等,即起点平等与规则平等。"有公心必有公道,有公道必有公制。"(《傅子·通志》)对社会资源进行公正、合理的分配,更需要蕴含着公正精神的制度约束,用制度、法律来规范分配方式和分配秩序,建立保障社会公平正义的制度体系。2004 年 3 月,第十届全国人民代表大会第二次会议通过了《中华人民共和国宪法修正案》,把"国家尊重和保障人权"写入宪法,使之成为一项宪法原则。2007 年 10 月,党的十七大将"尊重和保障人权"写入了《中国共产党章程》。全方位提升人权保障法治化水平,有利于人民享有更加充分的权利和自由,实现社会公平正

---

① 《邓小平文选》(第三卷),人民出版社,1993 年,第 143 页。
② 习近平:《高举中国特色社会主义伟大旗帜 为全面建设社会主义现代化国家而团结奋斗——在中国共产党第二十次全国代表大会上的报告》,人民出版社,2022 年,第 22 页。

义。公正是社会主义优越性的集中体现，是社会主义核心价值观的重要组成部分，是大学生应该遵守的基本社会公德，也是大学生应该拥有的最基本的价值观念。

法治要求把法律作为治理国家和社会的主要工具和重要手段，建立健全法律法规，强调社会治理规则具有客观性、稳定性和权威性。"法"字古体写作"灋"。《说文解字》："灋，刑也，平之如水，从水；廌，所以触不直者去之，从去。"成文法之前，中国早期法制以习惯法为基本形态，法律是不公开、不成文的。"刑不可知，威不可测，则民畏上也。"为了破除这种蒙昧，公元前536年，春秋时期郑国子产命令把郑国的法律条文铸到鼎上，公布于众。"铸刑书于鼎，以为国之常法。"至公元前513年，晋国的赵鞅、荀寅仿效子产的做法，把范宣子制作的成文法铸在铁鼎上，公之于众，被称为"铸刑鼎"。中国共产党深刻认识到法治在现代化进程中的重要作用，坚持党的领导、人民当家作主、依法治国有机统一。新中国成立后制定的"五四宪法"揭开了当代中国法治现代化的序幕。1999年3月，第九届全国人民代表大会第二次会议通过了《中华人民共和国宪法修正案》，把"依法治国"正式写入了宪法，使依法治国方略的实施有了宪法保障。法治驱动从"管理"向"治理"转向。2013年11月，《中共中央关于全面深化改革若干重大问题的决定》中把"推进国家治理体系和治理能力现代化"确立为全面深化改革的总目标。这是我国首提国家治理体系和治理能力现代化，首次将以往的"社会管理"提升到了"社会治理"。2014年10月，党的十八届四中全会通过了《中共中央关于全面推进依法治国若干重大问题的决定》，对编纂民法典做出了明确部署，开启了我国民法史上一个重要突破性节点。

2020年5月，国家主席习近平签署第四十五号主席令，"《中华人民共和国民法典》已由中华人民共和国第十三届全国人民代表大会第三次会议于2020年5月28日通过，现予公布，自2021年1月1日起施行"。五年"铸剑",终成"大典",新中国历史上第一部民法典的正式颁布,折射出我国国家治理体系与治理能力现代化水平的跃升。《中华人民共和国民法典》被称为"社会生活百科全书",是民事权利的宣言书和保障书。如果说宪法重在限制公权力,那么民法典就重在保护私权利,几乎所有的民事活动都能在民法典中找到依据。法治是实现自由、平等、公正的有力保障。2016年12月,中共中央办公厅、国务院办公厅印发《关于进一步把社会主义核心价值观融入法治建设的指导意见》,围绕运用法律法规和公共政策向社会传导正确价值取向。2018年5月,中共中央印发《社会主义核心价值观融入法治建设立法修法规划》,强调"着力把社会主义核心价值观融入法律法规的立改废释全过程,确保各项立法导向更加鲜明、要求更加明确、措施更加有力,力争经过5到10年时间,推动社会主义核心价值观全面融入中国特色社会主义法律体系"[①]。2021年9月,中央宣传部、中央政法委、全国人大常委会办公厅、司法部印发《关于建立社会主义核心价值观入法入规协调机制的意见(试行)》。2022年10月,党的二十大报告指出,"弘扬社会主义法治精神,传承中华优秀传统法律文化,引导全体人民做社会主义法治的忠实崇尚者、自觉遵守者、坚定捍卫者"[②]。大学生要牢固树立社会主义法治观念,学习掌握法律知识,积极参与法律实践,把对法治的尊崇、对法律的敬畏转化成思维方式和行为方式,尊法学法守法用法,逐渐增强和提高运用法律思维分析、解决问题的意识与能力。

(3)公民层面的价值追求

"爱国、敬业、诚信、友善"是中华民族自古以来的精神品格和精神境界,也是大学生必须信奉的价值准则和必须恪守的道德规范,这一公民个人层

---

① 《中共中央印发〈社会主义核心价值观融入法治建设立法修法规划〉》,《光明日报》,2018年5月8日。

② 习近平:《高举中国特色社会主义伟大旗帜 为全面建设社会主义现代化国家而团结奋斗——在中国共产党第二十次全国代表大会上的报告》,人民出版社,2022年,第42页。

面的价值要求应贯穿于大学生社会主义核心价值观教育全过程。

爱国就是公民要关心国家的前途和命运，以强烈的民族自尊心和国家自豪感坚定维护国家的尊严、独立和荣誉。爱国主义是调节个人与祖国之间关系的道德要求、政治原则和法律规范。2018年3月，十三届全国人大一次会议通过了对现行宪法的第五次修正，规定"国家倡导社会主义核心价值观，提倡爱祖国、爱人民、爱劳动、爱科学、爱社会主义的公德，在人民中进行爱国主义、集体主义和国际主义、共产主义的教育，进行辩证唯物主义和历史唯物主义的教育，反对资本主义的、封建主义的和其他的腐朽思想"①。宪法是国家核心价值观最重要的载体。爱国主义是中华民族精神的核心，是中国人民和中华民族同心同德、自强不息的精神纽带。这既是一种情感表达，也是一种理性行为，要推动爱国之情转化为实际行动，理性表达爱国情感，反对极端行为，涵养积极进取、开放包容、理性平和的国民心态。

2019年11月，中共中央、国务院印发了《新时代爱国主义教育实施纲要》，强调"着眼培养担当民族复兴大任的时代新人，始终高扬爱国主义旗帜，着力培养爱国之情、砥砺强国之志、实践报国之行，使爱国主义成为全体中国人民的坚定信念、精神力量和自觉行动"②。2022年10月，党的二十大报告指出，"巩固和发展最广泛的爱国统一战线"③。同时，社会主义核心价值观的实现既要靠提倡、靠宣传，更要靠制度、靠法治。爱国主义教育是思想的洗礼、精神的熏陶，要以法治手段保证爱国主义教育常态化，提升爱国主义教育质量与实效。2023年6月，十四届全国人大常委会第三次会议首次审议爱国主义教育法草案，"草案以习近平新时代中国特色社会主义思想为指导，

---

① 《中华人民共和国宪法》，法律出版社，2018年，第66页。

② 《新时代爱国主义教育实施纲要》，人民出版社，2019年，第2页。

③ 习近平：《高举中国特色社会主义伟大旗帜　为全面建设社会主义现代化国家而团结奋斗——在中国共产党第二十次全国代表大会上的报告》，人民出版社，2022年，第39页。

深入总结爱国主义教育实践经验,坚持爱国和爱党、爱社会主义相统一,以维护国家统一和民族团结为着力点,把全面建成社会主义现代化强国、实现中华民族伟大复兴作为鲜明主题,遵循爱国主义教育规律"①。爱国,就是爱祖国的大好河山,爱自己的骨肉同胞,爱祖国的灿烂文化,爱自己的国家。当代中国,爱国主义的本质就是坚持爱国和爱党、爱社会主义高度统一。大学生要在实现中国梦的实践中放飞青春梦想,铭记把个人梦同国家梦紧密结合起来,高扬爱国主义旗帜,以自身的拼搏奋斗和报国之行体现爱国情感,实现人生价值。

敬业是对公民职业行为准则的价值评判和公民职业道德的基本要求,表现在是否遵守职业道德和具有职业操守,体现的是个体对其工作、职责的态度。职业活动是人类生存、发展的现实基础和重要前提,中华民族历来有崇尚"敬业"的传统。孔子主张"事思敬,执事敬,修己以敬",教导我们做事要严肃认真、恭敬谦逊,体现了个体对工作和职责应有的态度。《礼记·学记》也有"敬业乐群"的概念。荀子说:"百事之成也,必在敬之;其败也,必在慢之。"(《荀子·议兵》)这就是说任何不负责任、偷懒耍滑、马虎草率、玩忽职守、敷衍搪塞的态度和行为都是不可取的。敬业就是要以高度的责任感和使命感在自己的岗位上尽职尽责,尽心尽力,干一行,敬一行,钻一行,精一行,多一些孺子牛式的勤业奉献、拓荒牛式的创新进取和老黄牛式的敬业实干。梁启超在《敬业与乐业》中说:"敬字为古圣贤教人做人最简易、直捷的法门。"中华民族历来有忠于职守、敬业乐群的优良传统。敬业是职业道德的核心要求,既为个人安身立命奠定基础,也为社会发展进步注入活力。2019 年 10月,中共中央、国务院印发的《新时代公民道德建设实施纲要》指出,"推动践行以爱岗敬业、诚实守信、办事公道、热情服务、奉献社会为主要内容的职业

---

① 《十四届全国人大常委会第三次会议审议多部法律草案》,《人民日报》,2023 年 6 月 27 日。

道德,鼓励人们在工作中做一个好建设者"①。劳动是财富的源泉,也是幸福的源泉。工作不仅是一种谋生手段,更是实现自我价值和社会价值的重要途径。明确职业道德内涵、倡导践行职业道德,不仅是新时代公民道德建设的重要内容,也是培育社会主义核心价值观的内在要求。一个人越是志存高远,越要脚踏实地。大学生只有踏踏实实、兢兢业业地学习和工作,才能实现自己的理想目标和人生价值。大学生要在大学期间打下坚实的学业基础和扎实的知识积累,拥有真才实学和过硬本领,在将来的工作中弘扬和传承劳模精神、劳动精神、工匠精神,承担时代赋予的使命,为实现中华民族伟大复兴中国梦贡献智慧和力量。

诚信是处理个人与他人、个人与社会、个人与国家的道德准则和行为要求。对个人而言,诚信是高尚品德;对社会而言,诚信是公序良俗;对国家而言,诚信是重要的软实力。《说文解字》对诚信两个字的释义是:"诚,信也,从言成声。信,诚也,从人言。""诚"与"信"二者有互通之意。"诚"的基本含义就是真实无欺,"信"的基本含义是不疑不欺。最早将"诚"与"信"连用的是春秋时代齐国名相管仲。他提出,"先王贵诚信。诚信者,天下之结也"(《管子·枢言》)。孔子曰:"人而无信,不知其可也。"(《论语·为政》)把"言必信,行必果"作为规范弟子言行的基本要求。孟子说:"诚者,天之道也;思诚者,人之道也。"从天、人、物三个方面对"诚"进行了分析,认为诚是一切规范要求和道德行为的基础,也是人伦道德的本原。诚是人内在的德性,信则是诚的外在表现。诚于中,必信于外。"君子养心莫善于诚,致诚则无它事矣,唯仁之为守,唯义之为行。"(《荀子·不苟》)诚信是公民道德的基石,既是做人做事的道德底线,也是社会运行的基本条件。失去诚信,个人就会失去立身之本,社会就失去运行之轨。《左传》说:"信,国之宝也,民之所凭也。"秦朝商鞅"立木

---

① 《新时代公民道德建设实施纲要》,人民出版社,2019年,第6页。

为信",取信于民。诚是一种内在的德性与修为,更强调静态的真实;信是一种外在的确认与表达,更强调动态的坚守。二者结合在一起,表示诚实无欺、恪守信用。社会主义市场经济是契约经济、法治经济、信用经济,诚信是社会主义市场经济运行的基础和前提。人以诚立身,国以诚立心。2022 年 10 月,党的二十大报告指出,"弘扬诚信文化,健全诚信建设长效机制"[①]。诚信建设要建立健全社会征信体系,大力推进诚信制度化建设,使社会成员内诚于心,外信于人,每个人都能诚实守信、守诺践约。只有通过每一个人的不断努力,增进交往互信的基础,才能共同构建起实现中华民族伟大复兴中国梦的道德支撑和伦理架构。诚实守信应该视为大学生最基本的道德标准和自觉坚守,是大学生立足社会的基本价值规范。

友善是处理个人与他人关系上应遵守的道德准则和行为要求,也是维护健康良好社会秩序的伦理基础。在甲骨文中,"友"像两只交叉的手,"善"则是由羊和言组成。这两个字都是会意字。两手交叉表示援之以手是朋友;言是讲话,羊在古代象征吉祥,故"善"的本意就是吉祥话。因而,"友善"包含言行两个维度,指像朋友一样互帮互助,祝福吉祥。友善是中华民族的传统美德。荀子阐明了提高自我品德修养,培养友善之心的态度和方法,指出"见善,修然必以自存也;见不善,愀然必以自省也"(《荀子·修身》)。与人交谈要言辞友善,"良言一句三冬暖,恶语伤人六月寒"。荀子谈到言语上的友善,"与人善言,暖于布帛;伤人以言,深于矛戟"(《荀子·荣辱》)。以宽广的胸怀关爱他人,帮助他人,营造和谐的人际关系。多换位思考,待人如己,推己及人,己欲立而立人,己欲达而达人。当面对冲突和矛盾的时候,能够宽以待人,"贤而能容罢,知而能容愚,博而能容浅,粹而能容杂"(《荀子·非相》)。墨子从"兼相利"的角度阐释了互助导致互利的关系,"夫爱人者,人必从而爱

---

① 习近平:《高举中国特色社会主义伟大旗帜 为全面建设社会主义现代化国家而团结奋斗——在中国共产党第二十次全国代表大会上的报告》,人民出版社,2022 年,第 45 页。

之;利人者,人必从而利之"(《墨子·兼爱》)。一个人的友善之举可以影响他人,唤醒向善之心,形成互助互利的氛围,最终全体社会成员都会从中获益,在奉献友善中获得友善。一滴水的作用可能是微小的,但正是无数个水滴汇成了汪洋大海。友善根植于"仁爱"的道德心理,其实质在于将其他社会成员当作目的,而不是实现自我利益的手段,是处理人际关系的基本价值准则。同时,友善人际关系的建立,既要形成正向的激励机制,也要完善社会保障制度。在人际交往过程中,大学生要善待他人、善待社会,常怀友善之心,伸出友善之手,做出友善之举,从而获得他人的认可和社会的信任,建立起温暖优良的人际关系,身心愉悦地去学习、工作和生活,为社会和谐增添正能量。

社会主义核心价值观的三个层次是相互联系、相互促进,内在统一的。"富强、民主、文明、和谐"体现的是中国特色社会主义总体布局和内在发展要求,"自由、平等、公平、法治"体现的是社会发展和建设的总体价值趋向和整体目标要求,"爱国、敬业、诚信、友善"体现的是全体公民的基本价值追求和道德准则要求,这三个方面集中体现了国家目标、社会导向和个人行为准则的统一。社会主义核心价值观体现了中国特色社会主义的总体价值趋向,与中国特色社会主义实践要求相契合,体现了全体公民的基本价值追求和道德准则要求,代表着当今时代人类社会的价值制高点,具有强大的道义感召力,是大学生社会主义核心价值观教育机制创新的基本遵循和理论基础。

(二)马克思主义关于青年教育的理论

1848 年 2 月,《共产党宣言》的发表标志着马克思主义的诞生。马克思主义是关于人类解放的学说,是关于自然、社会和人类思维规律的理论,是科学的理论、人民的理论、实践的理论,是不断发展的开放的理论。从观点和方法来看,马克思主义是关于自然、社会和人类思维规律的理论,由于它正确揭示了这些领域的发展规律,深刻阐述了这些领域的运动特点,成为人们认识世界和改造世界的科学方法。其最鲜明的特点,就是始终站在广大劳动人民的立场上,以绝大多数人的利益为是非、善恶、美丑的评价标准,其理论创造的过程就是追求优秀价值观的过程,是实现崇高理想和最高目标的过程,马克思主义正确揭示和深刻阐述了这一领域的发展规律和运动特点。大学生社会主义核心价值观教育机制创新,要以马克思主义为指导,坚持社会主义方向,在中国共产党的全面领导下进行。

第一,马克思主义基本原理认为社会意识对社会存在具有反作用。"每一历史时代的经济生产以及必然由此产生的社会结构,是该时代政治的和精神的历史的基础。"[1]"经济上落后的国家在哲学上仍然能够演奏第一小提琴。"[2]社会意识的任何重大变化归根结底都是由社会存在变化引起的,同时社会意识对社会存在具有能动的反作用,它或者促进社会进步,或者阻碍社会发展,通过人有目的、有意识的实践而实现对社会存在能动的反作用。马克思认为:"如果从观念上来考察,那么一定的意识形式的解体足以使整个时代覆灭。"[3]社会存在决定社会意识,社会意识能动地反作用于社会存在,人类思想史上第一次正确解决了社会历史观的基本问题,对于社会发展包括社会文化建设具有指导意义。先进的社会意识反映了社会发展的趋势和要求,落后的社会意识不符合社会发展的趋势和要求。文化是社会意识的重要组成部分,文化的核心是价值观。因此,能够适应先进生产力发展要求、代表人民群众长远利益、顺应人类文明发展趋势的文化,才能够起到促进社会进步和发展的作用。统治阶级维持自身统治地位最有效的办法就是用自己的核心价值观去培养本阶级所需要的人,巩固和加强自己的社会地位和统

---

① 《马克思恩格斯选集》(第一卷),人民出版社,2012 年,第 380 页。
② 《马克思恩格斯选集》(第四卷),人民出版社,2012 年,第 612 页。
③ 《马克思恩格斯文集》(第八卷),人民出版社,2009 年,第 170 页。

治基础。"人们在自己生活的社会生产中发生一定的、必然的、不以他们的意志为转移的关系，即同他们的物质生产力的一定发展阶段相适合的生产关系。这些生产关系的总和构成社会的经济结构，即有法律的和政治的上层建筑竖立其上并有一定的社会意识形式与之相适应的现实基础。"①这段经典论述阐明了意识形态不可能离开人类社会物质基础而单独存在，但也并非对社会存在的被动反映，而是以独特的方式，在人类社会中发挥着特殊的能动性。恩格斯进一步揭示了经济基础的决定性作用以及意识形态的反作用，指出："一种历史因素一旦被其他的、归根到底是经济的原因造成了，它也就起作用，就能够对它的环境，甚至对产生它的原因发生反作用。"②

　　第二，马克思、恩格斯论述了意识形态教育的重要性。意识形态问题关乎思想政治上层建筑中的情感认同和价值取向，马克思与恩格斯非常重视在意识形态领域开展斗争的重要性和必要性。马克思在《〈黑格尔法哲学批判〉导言》中专门阐明哲学与现实世界的关系，认为"哲学本身就属于这个世界，而且是这个世界的补充，虽然只是观念的补充"③。强调了理论和思想对革命的重要实践意义，理论不能代替实践，但理论对实践有指导作用。只有对无产阶级进行意识形态宣传和教育，才能够快速使无产阶级获得科学的社会意识，提高其政治意识和思想觉悟，推动社会意识形态的发展。"批判的武器当然不能代替武器的批判，物质力量只能用物质力量来摧毁；但是理论一经掌握群众，也会变成物质力量。"④理论作为"批判的武器"，本身不能代替作为"武器的批判"的实践，而理论通过掌握群众这一实践的主体，就能转化成改造世界的强大物质力量。这句话生动形象地揭示了无产阶级理解自

---

① 《马克思恩格斯文集》(第二卷)，人民出版社，2009 年，第 591 页。
② 《马克思恩格斯文集》(第十卷)，人民出版社，2009 年，第 659 页。
③ 《马克思恩格斯选集》(第一卷)，人民出版社，2012 年，第 8 页。
④ 《马克思恩格斯文集》(第一卷)，人民出版社，2009 年，第 11 页。

身阶级本质、确立阶级意识、承担阶级使命的历史进程。而"如果放弃在政治领域中同我们的敌人作斗争,那就是放弃了一种最有力的行动手段"①,也"就等于把他们推入资产阶级政治的怀抱"②。马克思、恩格斯在《德意志意识形态》中关于意识形态的否定性批判和肯定性建构,揭示了历史唯物主义的意识形态逻辑,在理论上实现了对当时盛行的"唯心主义、唯心史观以及剥削阶级意识形态"三个层面的超越。在唯物史观看来,"不是意识决定生活,而是生活决定意识"③。人们的生活总会随着生产力的发展和交往关系的丰富而发生变化。社会存在决定社会意识,思想领域的问题往往根源于生活领域。马克思、恩格斯明确指出,精神生产资料必须控制在统治阶级手中,否则统治阶级就无法控制意识形态生产。加强意识形态教育,才能使无产阶级以先进理论武器来进行全人类解放的斗争。

第三,马克思、恩格斯非常重视意识形态教育的阶级性和政治性。在《共产党宣言》中,马克思和恩格斯曾就意识形态教育的阶级性明确指出:"共产党一分钟也不忽略教育工人尽可能明确地意识到资产阶级和无产阶级的敌对的对立。"④他们认为共产党作为无产阶级利益的忠实代表和无产阶级中先进分子的组合,必须要承担用科学理论武装工人的使命,帮助无产阶级认识到自己所承担的历史使命。共产党"没有任何同整个无产阶级政党的利益不同的利益"⑤,而且在实践方面"是各国工人政党中最坚决的、始终起推动作用的部分"⑥,在理论方面"了解无产阶级运动的条件、进程和一般结果"⑦。同时,无产阶级政党的意识形态教育,是以革命阶级的存在为前提的。

---

① 《马克思恩格斯选集》(第三卷),人民出版社,2012 年,第 40 页。
② 《马克思恩格斯选集》(第三卷),人民出版社,2012 年,第 169 页。
③ 《马克思恩格斯选集》(第一卷),人民出版社,2012 年,第 152 页。
④ 《马克思恩格斯选集》(第一卷),人民出版社,2012 年,第 434 页。
⑤ 《马克思恩格斯选集》(第一卷),人民出版社,2012 年,第 413 页。
⑥ 《马克思恩格斯选集》(第一卷),人民出版社,2012 年,第 413 页。
⑦ 《马克思恩格斯选集》(第一卷),人民出版社,2012 年,第 413 页。

无产阶级政党从来不隐讳自己的阶级性,公开申明"哲学把无产阶级当做自己的物质武器,同样,无产阶级也把哲学当做自己的精神武器"。①

第四,马克思、恩格斯阐述了对无产阶级开展意识形态教育的原则和方法。一方面,他们认为党的纲领是整个工人运动的旗帜,纲领起着指向的作用。恩格斯说:"一个新的纲领毕竟总是一面公开树立起来的旗帜,而外界就根据它来判断这个党。"②另一方面,他们提出对无产阶级开展意识形态教育要注重方法,强调无产阶级教育不意味着教条,问题在于改变整个世界。

第五,马克思、恩格斯阐述了无产阶级教育的本质和目的,充实和发展了"人的全面发展"学说。马克思对人是环境和教育的产物的观点进行了理性批判,指出"人的本质不是单个人所固有的抽象物,在其现实性上,它是一切社会关系的总和"③。马克思认为,"个人是什么样的,这取决于他们进行生产的物质条件"④。脱离具体的历史条件抽象地去了解人的本质是不可取的,而必须从人们的社会联系去了解。正是从这种立场和认识出发,马克思指出,"代替那存在着阶级和阶级对立的资产阶级旧社会的,将是这样一个联合体,在那里,每个人的自由发展是一切人的自由发展的条件"⑤。

第六,恩格斯首先使用了"灌输"这一概念,之后经过革命的实践得到了不断丰富和发展,最终形成了马克思主义灌输理论。恩格斯在《共产主义在德国的迅速发展》一文中,谈到德国画家许布纳尔的一幅作品时生动地指出:"从宣传社会主义这个角度来看,这幅画所起的作用要比一百本小册子大得多。"⑥"当然给不少人灌输了社会的思想。"⑦恩格斯不仅强调灌输,还重

---

① 《马克思恩格斯选集》(第一卷),人民出版社,2012年,第16页。
② 《马克思恩格斯选集》(第三卷),人民出版社,2012年,第350页。
③ 《马克思恩格斯选集》(第一卷),人民出版社,2012年,第135页。
④ 《马克思恩格斯选集》(第一卷),人民出版社,2012年,第147页。
⑤ 《马克思恩格斯选集》(第一卷),人民出版社,2012年,第422页。
⑥ 《马克思恩格斯全集》(第2卷),人民出版社,1957年,第589页。
⑦ 《马克思恩格斯全集》(第2卷),人民出版社,1957年,第590页。

视灌输的方法,深化了对无产阶级革命理论与革命实践关系的理性认识。

第七,列宁丰富和发展了无产阶级思想政治教育理论。列宁在领导俄国革命和建设的过程中,发展了青年教育的理论。列宁强调马克思主义理论教育对于无产阶级革命的重要性,认为:"没有革命的理论,就不可能有被压迫阶级的即历史上最革命的阶级的世界上最伟大的解放运动。"①列宁明确提出了政治教育的概念及相应的目的和具体任务,也是第一个将"灌输"概念引入无产阶级思想政治教育领域当中的。他在《我们运动的迫切任务》和《怎么办?》等论著中阐述了灌输的成因、方式和方法,极大地丰富了马克思主义灌输理论。强调无产阶级政党,必须"把社会主义思想和政治自觉性灌输到无产阶级群众中去"②。列宁针对当时俄国社会民主党内存在的崇拜自发论的工联主义倾向,系统阐述了社会主义意识只能从外面灌输到工人群众中去的理论,指出"工人本来也不可能有社会民主主义的意识。这种意识只能从外面灌输进去,各国的历史都证明:工人阶级单靠自己本身的力量,只能形成工联主义的意识,……而社会主义学说则是从有产阶级的有教养的人即知识分子创造的哲学理论、历史理论和经济理论中发展起来的"③。"从外面灌输"一方面指"从经济斗争范围外面"向工人灌输先进思想和政治意识,另一方面指"从工人同厂主的关系范围外面"向工人灌输阶级意识。列宁还强调,马克思主义理论灌输是摆脱资产阶级思想影响的基本前提,灌输的目的是在工人阶级和人民群众中确立起共产主义理想和信念。列宁《在全俄省、县国民教育局政治教育委员会工作会议上的讲话》中指出:"政治文化、政治教育的目的是培养真正的共产主义者,使它们有本领战胜谎言和偏见,能够帮助劳动群众战胜旧秩序,建立一个没有资本家、没有剥削者、没有地

---

① 《列宁全集》(第27卷),人民出版社,2017年,第15页。
② 《列宁选集》(第一卷),人民出版社,2012年,第285页。
③ 《列宁专题文集》(论无产阶级政党),人民出版社,2009年,第76页。

主的国家。"①

灌输主体必须真懂真信马克思主义，具备将马克思主义灵活运用到实践中的能力，应当"既以理论家的身份，又以宣传员的身份，既以鼓动员的身份，又以组织者的身份'到居民的一切阶级中去'"②。所以各国无产阶级政党成立以后，要主动承担起将先进的革命理论灌输给大众的任务。"俄国社会民主党人的社会主义工作，就是在工人中间宣传科学社会主义学说，使工人正确了解现代社会经济制度及其基础与发展，了解俄国社会各个阶级及其相互关系，了解这些阶级相互的斗争，了解工人阶级在这个斗争中的作用，了解工人阶级对于正在没落的阶级和正在发展的阶级、对于资本主义的过去和将来所应采取的态度，了解各国社会民主党和俄国工人阶级的历史任务。"③列宁运用阶级斗争理论分析了十月革命前的斗争形势，指出在尚未取得革命领导权时必须同资产阶级进行坚决的斗争；在"无产阶级夺得政权之后，并不停止阶级斗争，而是继续阶级斗争，直到消灭阶级"④。理论的灌输教育要结合实际的斗争活动，才能彰显出理论的价值和功能，使人们更加认同理论的灌输。

综上所述，无论是马克思、恩格斯对于意识形态教育的重要性、阶级性、政治性和教育的原则、方法、本质、目的等论述，还是列宁对青年教育理论的丰富和发展，都对大学生社会主义核心价值观教育机制创新具有指导作用，是其重要的马克思主义理论来源。

（三）中国化马克思主义关于青年教育的思想

青年是一个国家和民族未来发展的希望所在，青年的价值取向与整个

---

① 《列宁选集》(第四卷)，人民出版社，2012年，第306页。
② 《列宁选集》(第一卷)，人民出版社，2012年，第366页。
③ 《列宁专题文集》(论无产阶级政党)，人民出版社，2009年，第27页。
④ 《列宁选集》(第四卷)，人民出版社，2012年，第11页。

民族的前途和未来紧密相关。在新民主主义革命时期、社会主义革命和建设时期、改革开放和社会主义现代化建设新时期、中国特色社会主义新时代都形成了中国化马克思主义关于青年教育的思想。改革开放之前,虽然人们几乎不用价值观这个概念,但并不是那时候没有社会主义核心价值观,如"为人民服务""集体主义""大公无私"等都是党始终强调和提倡的社会主义核心价值观。中国共产党的青年教育思想,是研究大学生社会主义核心价值观教育的宝贵思想资源。

1.新民主主义革命时期的青年教育思想

新民主主义革命时期,中国共产党就十分重视青年教育。在革命斗争实践中,积累了丰富的青年教育理论和经验,形成了党对青年思想政治工作的优良传统,其中非常重要的就是坚持马克思主义的指导和中国共产党的领导。

第一,马克思主义是新民主主义革命时期青年教育的指导思想和理论基石。毛泽东强调:"领导我们事业的核心力量是中国共产党。指导我们思想的理论基础是马克思列宁主义。"[①]"在现时,毫无疑义,应该扩大共产主义思想的宣传,加紧马克思列宁主义的学习,没有这种宣传和学习,不但不能引导中国革命到将来的社会主义阶段上去,而且也不能指导现时的民主革命达到胜利。"[②]马克思主义的价值追求是我国新民主主义革命时期青年教育的坚实理论基石,新时代大学生社会主义核心价值观教育机制创新必须坚持马克思主义的指导地位,使大学生逐步学会运用辩证唯物主义和历史唯物主义的立场、观点和方法辨别各种社会思潮,正确认识人类历史发展客观规律。

第二,新民主主义纲领是这一时期青年教育的根本内容。中国人民政治

---

① 《毛泽东文集》(第六卷),人民出版社,1999年,第350页。
② 《毛泽东选集》(第二卷),人民出版社,1991年,第706页。

协商会议第一届全体会议通过的具有临时宪法效力的《中国人民政治协商会议共同纲领》(以下简称《共同纲领》),就已经体现了社会主义核心价值观的一些基本思想,如其中"为中国的独立、民主、和平、统一和富强而奋斗"[①]彰显着社会主义核心价值观中"富强、民主、文明、和谐"的价值目标;《共同纲领》规定的"中华人民共和国境内各民族,均有平等的权利和义务"[②],"建立人民司法制度"[③]等体现了社会主义核心价值观"自由、平等、公正、法治"的价值取向;《共同纲领》中"提倡爱祖国、爱人民、爱劳动、爱科学、爱护公共财物为中华人民共和国全体国民的公德"[④]等,彰显着社会主义核心价值观中"爱国、敬业、诚信、友善"的价值准则。

第三,"为人民服务"是这一时期青年教育的精神动力。毛泽东在《为人民服务》中说:"我们这个队伍完全是为着解放人民的,是彻底地为人民的利益工作的。"[⑤]毛泽东根据唯物史观,以人民群众是历史的创造者的观点为理论基础,对价值创造主体做出了明确的判断。肯定了人民群众的历史地位,把一切剥削阶级统统排除在创造主体之外。既然人民群众是社会主义社会的主体,那么价值评价的标准就应该是人民利益标准。无产阶级的价值取向就是以最广大人民的根本利益为出发点和着眼点。

第四,党在广大革命根据地先后建立了中国工农红军大学、苏维埃大学、中国人民抗日军事政治大学、中共中央党校、陕北的"短期培训式大学"。紧密着眼不同时期革命战争的需要,为青年教育创造了有利条件。"新民主主义革命时期,我们党在红军大学、苏维埃大学、抗日军政大学、陕北公学等高校开设'党的建设'、'中国革命运动史'、'马列主义'、'辩证唯物主义'、

---

①　中共中央文献研究室:《建国以来重要文献选编》(第1册),中央文献出版社,2011年,第2页。

②　中共中央文献研究室:《建国以来重要文献选编》(第1册),中央文献出版社,2011年,第3页。

③　中共中央文献研究室:《建国以来重要文献选编》(第1册),中央文献出版社,2011年,第5页。

④　中共中央文献研究室:《建国以来重要文献选编》(第1册),中央文献出版社,2011年,第9页。

⑤　《毛泽东选集》(第三卷),人民出版社,1991年,第1004页。

'科学社会主义'等课程,在列宁小学开设'社会工作'课程,在解放区的小学、陕甘宁边区的中学开设'政治常识'课程。"①

2.社会主义革命和建设时期的青年教育思想

面对新中国成立后的新形势和新任务,党和政府进行了不断的尝试和摸索,创建了新型高校德育机构和制度,为当前的大学生社会主义核心价值观教育机制创新工作奠定了基础,积累了经验。

第一,号召全党全社会以共产主义精神教育青年,以马克思列宁主义理论武装青年进行革命斗争,提出把实现"三好"(即德好、智好、体好)作为高校思想政治教育的工作方向和大学生的努力目标。1982年12月,第五届全国人民代表大会第五次会议通过的《中华人民共和国宪法》,把"五爱"的要求进一步表述为"爱祖国、爱人民、爱劳动、爱科学、爱社会主义"。深入开展"五爱教育",探索建立辅导员制度,改进完善高校思想政治理论教育的课程体系,特别强调青年"一定要十分重视马克思列宁主义的学习,来不断地提高自己的政治觉悟"②。

第二,广泛并深入地开展共产主义以及社会主义思想道德教育。从革命时期就提倡长征精神、延安精神和西柏坡精神,到新中国成立后倡导大庆精神、"两弹一星"精神和雷锋精神,再到改革开放时期大力弘扬抗洪精神、航天精神和抗震救灾精神,中国共产党一直以社会主义核心价值观引领青年教育,赋予其与时俱进的时代内容。全国上下广泛开展了社会主义思想道德建设,涌现出了雷锋、王进喜、焦裕禄等一大批体现爱国主义和集体主义的社会主义思想道德建设的先进典型人物。

第三,初步形成了适合高校的思想政治教育工作机制。这一时期高等学

---

① 习近平:《思政课是落实立德树人根本任务的关键课程》,人民出版社,2020年,第2~3页。

② 中共中央文献研究室编:《毛泽东邓小平江泽民论世界观、人生观、价值观》,人民出版社,1997年,第243页。

校已经初步建立了党委统一领导下的,由校长负责、党政工团齐抓共管,以政治理论课为主体,全体成员自上而下、分工配合开展高校思想政治教育工作的机制。这种机制的探索和形成为大学生社会主义核心价值观教育机制创新打下了良好的基础。

3.改革开放和社会主义现代化建设新时期的青年教育思想

党的十一届三中全会以后, 早期进入高校的青年开始对自身人生价值进行反思。1980 年 5 月,《中国青年》杂志发表的署名"潘晓"的读者来信《人生的路啊,怎么越走越窄……》引发了当时青年在改革开放初期关于人生观的广泛讨论,信中表露的苦闷、迷茫、困惑与彷徨等心理困惑引发热议。1983 年 8 月,《中国青年报》又开展了"当代青年应该具备怎样的价值观"的讨论。这些讨论让大学生有了充分表达自己思想和意见的平台和机会,也反映出那个时代大学生对人生意义的思考、判断与选择。改革开放和社会主义现代化建设新时期青年教育更加注重机制的建立, 这也增强了青年教育的实效性。

第一,制定了高校马列主义课的试行办法。1980 年 4 月,教育部、团中央联合发出《关于加强和改进高等学校学生思想政治工作的意见》,强调把大学生的思想政治工作放在重要的地位。1984 年 9 月,教育部正式发出《关于高等学校开设共产主义思想品德课的若干规定》的通知,根据该规定要求,全国大多数高校开设了共产主义思想品德课, 大学生品德教育得到加强。1987 年 10 月,国家教委发出《关于高等学校思想教育课程建设的意见》,规范了思想品德和政治理论课课程体系。

第二,开展学习实践活动。1982 年 2 月,中共中央办公厅指出"五讲四美"文明礼貌活动("讲文明、讲礼貌、讲卫生、讲秩序、讲道德"和"语言美、心灵美、行为美、环境美")是社会主义精神文明建设的一个重要组成部分,并把每年的 3 月确定为"全民文明礼貌月",以春风化雨的方式进行青年教育,使社会主义道德规范得到极大普及。之后到了1983年,又增加了"三热爱"(热爱祖国、热爱社会主义、热爱中国共产党)的内容,以更加明确的价值指向来进行青年教育。1986年9月,党的十二届六中全会通过的《关于社会主义精神文明建设指导方针的决议》指出,要培养有理想、有道德、有文化、有纪律的社会主义公民,提高整个中华民族的思想道德素质和科学文化素质。

第三,探索建立大学生思想政治教育的长效机制。1984年4月,教育部发出《关于在十二所院校设置思想政治教育专业的意见》,在部分高等学校设置思想政治教育专业。1984年9月,中共中央宣传部、教育部印发了《关于加强和改进高等院校马列主义理论教育的若干规定》。高校落实规定要求,普遍加强了马列主义理论教育工作。"加强理论教育、思想教育和政治工作的目的,就是要引导和帮助青年学生树立正确的世界观、人生观、价值观,打下科学理论的基础,确立为建设有中国特色社会主义而奋斗的政治方向。"[①]改革开放和社会主义现代化建设新时期,邓小平虽然没有直接论述过社会主义的价值问题,但曾使用过"价值"等概念。他提出要使青少年"成为有很高的政治责任心和集体主义精神,有坚定的革命思想和实事求是、群众路线的工作作风,严守纪律,专心致志地为人民积极工作的劳动者"[②]。

第四,进一步改进了体制机制,大学生思想政治教育逐步走向科学化、规范化的道路。1994年8月,中共中央发布《关于进一步加强和改进学校德育工作的若干意见》,要求高校建立和完善党委统一部署下的、以校长及行政系统为主实施的德育管理体制。1995年11月,国家教委发布了《中国普通高等学校德育大纲(试行)》,规范了高校思想政治教育工作体制,使大学生思想政治教育走上了"依纲管理、依纲育人、依纲考评"的科学化、规范化的

---

① 中共中央文献研究室编:《毛泽东邓小平江泽民论世界观、人生观、价值观》,人民出版社,1997年,第515~516页。

② 《邓小平文选》(第二卷),人民出版社,1994年,第106页。

道路。1996 年 10 月，党的十四届六中全会通过的《中共中央关于加强社会主义精神文明建设若干重要问题的决议》，提出"社会主义道德建设要以为人民服务为中心，以集体主义为原则，以爱祖国、爱人民、爱劳动、爱科学、爱社会主义为基本要求，开展社会公德、职业道德、家庭美德教育"①，强调坚持物质文明和精神文明两手抓、两手都要硬，把两个文明作为统一的奋斗目标。2001 年 9 月，中共中央印发《公民道德建设实施纲要》，进一步明确新形势下公民道德建设的目标任务、方针原则、主要内容和方法途径，把"爱国守法、明礼诚信、团结友善、勤俭自强、敬业奉献"二十字确立为公民基本道德规范。2019 年 10 月，中共中央、国务院印发《新时代公民道德建设实施纲要》，把社会公德、职业道德、家庭美德、个人品德建设作为着力点，在全民族牢固树立中国特色社会主义共同理想，在全社会大力弘扬社会主义核心价值观。

第五，提出建设社会主义核心价值体系，大学生社会主义核心价值观教育成为党和国家工作的重要课题。2006 年 10 月，党的十六届六中全会第一次明确提出"社会主义核心价值体系"的科学命题，指出"马克思主义指导思想，中国特色社会主义共同理想，以爱国主义为核心的民族精神和以改革创新为核心的时代精神，社会主义荣辱观，构成社会主义核心价值体系的基本内容。"②社会主义核心价值体系四个方面相互联系、相互贯通、相互促进，具有广泛的适用性和包容性、强大的整合力和引领力。建设社会主义核心价值体系成为构建社会主义和谐社会、推进中国特色社会主义建设的战略任务。

4.中国特色社会主义新时代的青年教育思想

党的十八大以来，中国特色社会主义进入新时代。以习近平同志为核心

---

① 《中共中央关于加强社会主义精神文明建设若干重要问题的决议》，人民出版社，1996 年，第 13 页。

② 《中共中央关于构建社会主义和谐社会若干重大问题的决定》，《人民日报》，2006 年 10 月 19 日。

的党中央紧密结合新的时代条件和实践要求，推进社会主义核心价值观教育理论与实践不断在创新中发展。2012年11月，党的十八大在对社会主义核心价值体系进行高度凝练的基础上，提出了以"三个倡导"为核心内容的社会主义核心价值观。2013年12月，中共中央办公厅印发《关于培育和践行社会主义核心价值观的意见》，提出把培育和践行社会主义核心价值观融入国民教育全过程。2014年2月，十八届中共中央政治局就培育和弘扬社会主义核心价值观、弘扬中华传统美德进行第十三次集体学习时，习近平指出："核心价值观是文化软实力的灵魂、文化软实力建设的重点。这是决定文化性质和方向的最深层次要素。一个国家的文化软实力，从根本上说，取决于其核心价值观的生命力、凝聚力、感召力。"①将培育和弘扬社会主义核心价值观视为"凝魂聚气、强基固本的基础工程"。针对不同群体、不同对象在培育社会主义核心价值观过程中不同特点，要采用丰富多样的方法手段，使用喜闻乐见的形式。

2014年五四青年节，习近平到北京大学同青年师生座谈，勉励广大青年勤学、修德、明辨、笃实，并且强调"青年的价值取向决定了未来整个社会的价值取向，而青年又处在价值观形成和确立的时期，抓好这一时期的价值观养成十分重要。这就像穿衣服扣扣子一样，如果第一粒扣子扣错了，剩余的扣子都会扣错。人生的扣子从一开始就要扣好"②。用"扣扣子"这样生动的比喻，巧妙指出了价值观养成对于青年成长成才的重要性。2014年六一儿童节前夕，习近平在北京市海淀区民族小学主持召开座谈会时，对从小培育和践行社会主义核心价值观做出了具体要求，强调"让社会主义核心价值观的种

---

① 《习近平谈治国理政》（第一卷），外文出版社，2018年，第163页。

② 习近平：《青年要自觉践行社会主义核心价值观——在北京大学师生座谈会上的讲话》，人民出版社，2014年，第9页。

子在少年儿童心中生根发芽、真正培育起来"①。2014 年 9 月，习近平在同北京师范大学师生座谈时指出，广大教师"要用好课堂讲坛，用好校园阵地，用自己的行动倡导社会主义核心价值观，用自己的学识、阅历、经验点燃学生对真善美的向往。……老师对学生的影响，离不开老师的学识和能力，更离不开老师为人处世、于国于民、于公于私所持的价值观"②。2014 年 10 月，习近平在文艺工作座谈会上的讲话中指出："我们要在全社会大力弘扬和践行社会主义核心价值观，使之像空气一样无处不在、无时不有，成为全体人民的共同价值追求，成为我们生而为中国人的独特精神支柱，成为百姓日用而不觉的行为准则。"③如此密集、集中谈一个问题，足以说明培育和践行核心价值观的重要性。2018 年 5 月，习近平再次来到北京大学同师生代表座谈，并向青年朋友们提出了"爱国、励志、求真、力行"④四点希望。2019 年 4 月，习近平在纪念五四运动 100 周年大会上的讲话中，强调新时代中国青年要自觉树立和践行社会主义核心价值观，指出："青年的人生目标会有不同，职业选择也有差异，但只有把自己的小我融入祖国的大我、人民的大我之中，与时代同步伐、与人民同命运，才能更好实现人生价值、升华人生境界。"⑤培育和弘扬社会主义核心价值观是凝魂聚气、强基固本的基础工程，是凝聚全党全国人民团结奋斗的共同思想基础。党的十八大以来，习近平总书记关于社会主义核心价值观的重要论述，丰富和发展了马克思主义价值理论宝库，为大学生社会主义核心价值观教育指明了方向、廓清了迷雾。

---

① 《习近平在参观北京市海淀区民族小学庆祝"六一"国际儿童节活动时强调 让社会主义核心价值观的种子在少年儿童心中生根发芽》，《光明日报》，2014 年 5 月 31 日。

② 《习近平在北京师范大学考察时号召全国广大教师做党和人民满意的好老师》，《光明日报》，2014 年 9 月 10 日。

③ 习近平：《在文艺工作座谈会上的讲话》，人民出版社，2015 年，第 23 页。

④ 习近平：《在北京大学师生座谈会上的讲话》，《光明日报》，2018 年 5 月 3 日。

⑤ 习近平：《在纪念五四运动 100 周年大会上的讲话》，人民出版社，2019 年，第 7 页。

综上所述,中国化马克思主义关于青年教育的思想,是对马克思主义关于青年教育的理论的不断丰富和长期发展,为大学生社会主义核心价值观教育机制创新提供了宝贵经验。大学生社会主义核心价值观教育机制创新要在这些思想理论和有益经验的基础上,随着历史和时代发展不断与时俱进,适应新时代新的历史方位,丰富和完善社会主义核心价值观教育的方法,不断创造新经验,开拓新境界。

二、现实基础

坚持一切从实际出发,就是"看问题不要从抽象的定义出发,而要从客观存在的事实出发,从分析这些事实中找出方针、政策、办法来"[①]。大学生社会主义核心价值观教育机制创新要从教育优先发展战略的坚持、立德树人根本任务的落实、教育领域综合改革的深化等现实基础出发,寻找大学生社会主义核心价值观教育机制创新的有效路径。

(一)教育优先发展战略的坚持

"百年大计,教育为本。"确立教育优先发展的战略地位,全局性和长远性是其空间和时间定位的核心依据,这也是由发展的客观规律所决定的。1992 年 10 月,党的十四大第一次明确提出"必须把教育摆在优先发展的战略地位"[②]。2018 年 9 月,在全国教育大会上习近平进一步强调:"党的十九大从新时代坚持和发展中国特色社会主义的战略高度,作出了优先发展教育事业、加快教育现代化、建设教育强国的重大部署"[③]2022 年 10 月,党的二

---

① 《毛泽东选集》(第三卷),人民出版社,1991 年,第 853 页。

② 《中国共产党第十四次全国代表大会文件汇编》,人民出版社,1992 年,第 30 页。

③ 《坚持中国特色社会主义教育发展道路 培养德智体美劳全面发展的社会主义建设者和接班人》,《光明日报》,2018 年 9 月 11 日。

十大报告再次强调："坚持教育优先发展。"①这些论述对坚持教育优先发展战略进行了阐发和强调，特别是党的十八大以来出台的一系列关于教育事业发展的纲领性文件和政策性文件，使得教育优先发展战略地位日益凸显。新时代背景下，我国对于科技和人才的渴求比以往任何时候都更加强烈和迫切。当前推动经济社会发展的重要资源就是人力资源，中国未来的发展，人才就是国家竞争力的核心。尤其是我国正加快推进新型工业化，加快建设创新型国家，加快城镇化步伐，教育对国家发展、民族振兴、社会进步的支撑地位更加凸显。当前经济社会的协调发展和科技文化的全面进步，都需要教育在其中发挥更加重要的作用。教育优先既包括教育要超前于其他行业先行发展的意义，还包括在排序上使教育先行的内涵，要把优先发展教育事业作为推动党和国家各项事业发展的重要先手棋。

大学生社会主义核心价值观教育机制创新有教育优先发展战略作为现实基础。我国无论是从财政资金还是公共资源优先保障和满足等方面都坚持教育优先发展，使教育更好地为中国特色社会主义现代化建设提供人才支撑和智力支持，使建设现代化教育强国成为中华民族伟大复兴的基础工程，办好人民满意的教育。随着教育事业的全面发展，教育质量和水平显著提高，教育公平取得切实成效，教育现代化不断加快，人民的满意度和获得感明显增强。坚持教育优先发展战略的现实基础，使得大学生社会主义核心价值观教育机制创新的实现成为可能。

（二）立德树人根本任务的落实

"立德树人"既包括"立德"又包括"树人"，由两部分构成，是指教育领域中德育与智育的关系。其中"立德"指的就是坚持德育为先，通过对大学生进

---

① 习近平:《高举中国特色社会主义伟大旗帜 为全面建设社会主义现代化国家而团结奋斗——在中国共产党第二十次全国代表大会上的报告》,人民出版社,2022年,第33页。

行正面强化教育来进行引导、感化和激励。"树人"则与通常所谓的"十年树木、百年树人"含义上保持一致,就是坚持以人为本,通过教育来塑造、改变和发展大学生。这就要求高校在注重传统知识学习和科学技能培养的同时,始终将社会主义核心价值观教育置于首要位置,培养德才兼备的现代化建设人才。我国教育历来重视和强调人的精神境界的追求。《大学》指出:"大学之道,在明明德",并且提出"修身、齐家、治国、平天下"的主张,认为教育就在于格物致知。"立德"在古代被称为"三不朽"之一。《左传》载有"太上有立德,其次有立功,其次有立言,虽久不废,此之谓不朽",指出人生最高的境界是树立道德观念和实现道德理想,其次是事业方面追求建功立业,最后是要有知识、文化和思想,并著书立作。把"立德"放在首位,是因为做人是万事之首,说明我们的往圣先贤已充分认识到培养人才是国家民族长治久安的大计,人才培养要德才兼备是我国历代教育共同认同和遵守的发展理念。

2005 年 1 月,胡锦涛首次提出"育人为本,德育为先"的重要教育思想理念。之后,为把党的十八大和十八届三中全会关于立德树人的要求落到实处,《教育部关于全面深化课程改革落实立德树人根本任务的意见》指出,"立德树人是发展中国特色社会主义教育事业的核心所在,是培养德智体美全面发展的社会主义建设者和接班人的本质要求"[①]。2016 年 12 月,习近平在全国高校思想政治工作会议上强调,"高校的立身之本在于立德树人。只有培养出一流人才的高校,才能够成为世界一流大学"[②]。2018 年 9 月,习近平在全国教育大会上强调,"坚持把立德树人作为根本任务"[③]。这反映了教

①　教育部思想政治工作司组编:《加强和改进大学生思想政治教育重要文献选编(1978—2014)》,知识产权出版社,2015 年,第 674 页。

②　《习近平在全国高校思想政治工作会议上强调 把思想政治工作贯穿教育教学全过程 开创我国高等教育事业发展新局面》,《光明日报》,2016 年 12 月 9 日。

③　《坚持中国特色社会主义教育发展道路 培养德智体美劳全面发展的社会主义建设者和接班人》,《光明日报》,2018 年 9 月 11 日。

育的根本追求,明确了立德树人的地位作用。由此可见,立德树人是党一贯重视思想政治工作的优良传统,是在教育领域中坚持和尊重这些中华优秀道德教育经验的生动体现。2023年5月,习近平在主持二十届中共中央政治局第五次集体学习时对建设教育强国的目标、任务、路径进行了高屋建瓴的系统阐述,指出"我们要建设的教育强国,是中国特色社会主义教育强国,必须以坚持党对教育事业的全面领导为根本保证,以立德树人为根本任务,以为党育人、为国育才为根本目标,以服务中华民族伟大复兴为重要使命,以教育理念、体系、制度、内容、方法、治理现代化为基本路径,以支撑引领中国式现代化为核心功能,最终是办好人民满意的教育"[1]。同时强调"要坚持不懈用新时代中国特色社会主义思想铸魂育人,着力加强社会主义核心价值观教育,引导学生树立坚定的理想信念,永远听党话、跟党走,矢志奉献国家和人民"[2]。

高校作为大学生培养的重要阵地,学校的思政和德育工作是社会主义核心价值观教育中不可分割的一部分。立德树人根本任务的落实,要求我们充分认识社会主义核心价值观对于高校思政和德育工作的积极作用和重要意义,积极营造有利于社会主义核心价值观教育的高校校园文化氛围,创新大学生社会主义核心价值观教育机制。

(三)教育领域综合改革的深化

改革是教育事业发展的强大动力。教育领域综合改革的深化,实现高等教育内涵式发展,大力推进大学生素质教育,优化人才培养机制,要进一步

---

①　《习近平在中共中央政治局第五次集体学习时强调 加快建设教育强国 为中华民族伟大复兴提供有力支撑》,《人民日报》,2023年5月30日。

②　《习近平在中共中央政治局第五次集体学习时强调 加快建设教育强国 为中华民族伟大复兴提供有力支撑》,《人民日报》,2023年5月30日。

激发社会各界支持教育改革的积极性和主观能动性,努力满足广大人民群众不断增长的多样化教育需求,创新教育方法,提高教育质量,激发活力和创造力,使高校教育符合教育规律,符合大学生成长成才规律。创新是引领发展的第一动力,深化教育领域综合改革,要构建有活力、有效率的体制机制,让创新贯穿大学生社会主义核心价值观教育工作。

2013 年 11 月,党的十八届三中全会通过的《中共中央关于全面深化改革若干重大问题的决定》,确定了教育改革的基本方向和重点举措。深化教育领域综合改革,要"全面贯彻党的教育方针,坚持立德树人,加强社会主义核心价值体系教育,完善中华优秀传统文化教育,形成爱学习、爱劳动、爱祖国活动的有效形式和长效机制"①。全面深化改革的总目标也是各领域改革的总要求。教育改革是全面深化改革的重要领域,高校作为教育改革的排头兵要走在前列。2022 年 10 月,党的二十大报告强调,"深化教育领域综合改革,加强教材建设和管理,完善学校管理和教育评价体系,健全学校家庭社会育人机制"②。社会主义核心价值观教育是一个系统工程,要用系统思维和系统方法对大学生社会主义核心价值观教育机制进行系统创新。系统创新不是仅仅若干个机制创新的局部创新,而是一种动态的、全面的过程,可以促进系统整体功能不断推陈出新。

大学生社会主义核心价值观教育机制创新要在教育领域综合改革深化的现实基础上,加强党对高校的全面领导,以新发展理念为统领,坚持文化自觉,坚定文化自信,用系统思维、全局意识和全球视野,通过加大综合改革力度,促进公平、优化结构、提高质量。高校要以改革推动发展,以教育信息化带动教育现代化,推动教育领域治理体系和治理能力现代化,不断提高改

---

① 《中共中央关于全面深化改革若干重大问题的决定》,人民出版社,2013 年,第 42 页。

② 习近平:《高举中国特色社会主义伟大旗帜 为全面建设社会主义现代化国家而团结奋斗——在中国共产党第二十次全国代表大会上的报告》,人民出版社,2022 年,第 34 页。

革的协调性和实效性，切实把大学生社会主义核心价值观教育机制创新落实到教育教学和管理服务各环节，使社会主义核心价值观真正成为大学生成长成才的价值遵循。

三、经验借鉴

大学生社会主义核心价值观教育机制创新，要从中华优秀传统道德教育和世界有益文明成果的经验中进行吸收和借鉴。习近平指出："培育和弘扬社会主义核心价值观必须立足中华优秀传统文化。"[①]根植于中华民族精神基因中的优秀传统文化和蕴藏于中华历史文化中的优良道德准则，依然具有旺盛而强大的生命力，是涵养社会主义核心价值观的重要源泉。"对历史文化特别是先人传承下来的价值理念和道德规范，要坚持古为今用、推陈出新，有鉴别地加以对待，有扬弃地予以继承，努力用中华民族创造的一切精神财富来以文化人、以文育人。"[②]同时，社会主义核心价值观教育既要有开放的胸襟、宽阔的视野，借鉴世界一切有益文明成果，增强对外话语的创造力、感召力和公信力，使当代中国价值观念走向世界，对全人类产生吸引力和感召力，又要反对把西方资产阶级的价值作为"普世价值"，不能把属于人类对未来世界美好向往的话语体系拱手让给西方。

（一）中华优秀传统道德教育

在西周时，德是一个既包括具体行为要求，又包括基本原则的综合概念，它融合道德、政治和信仰为一体。儒家所倡导的"为政以德"中的德治思想，正是建立在"德"的这种综合概念的内涵、实践和逻辑基础之上的，即通

---

① 《习近平谈治国理政》（第一卷），外文出版社，2018年，第163~164页。

② 《习近平谈治国理政》（第一卷），外文出版社，2018年，第164页。

过重视道德教化、树立道德楷模、推崇理想人格来影响社会风气和个人品格。儒家提倡的诚意、正心、修身、齐家、治国、平天下等修身程序实质上都是中华优秀传统道德教育。"己欲立而立人,己欲达而达人""老吾老以及人之老,幼吾幼以及人之幼"的伦理思想;"言必信,行必果""人而无信,不知其可也"的诚信意识;"三人行,必有我师焉""诲人不倦"的教育思想;"先天下之忧而忧,后天下之乐而乐""苟利国家生死以,岂因祸福避趋之"的爱国情怀等,有着鲜明的民族特色和不衰的时代价值,是可资借鉴的重要思想资源。

1.道德教化与政治相结合

在封建社会中,教育的目标就是"明人伦"。正所谓"人伦明于上,小民亲于下"(《孟子·滕文公上》)。孔子的"为政以德"(《论语·为政》),"政者,正也。子帅以正,孰敢不正?"(《论语·颜渊》),董仲舒的"教,政之本也"(《春秋繁露》),王安石的"天下不可一日而无政教"(《慈溪县学记》)等,都充分表达了封建社会以教化为手段的仁政和德治思想,化民成俗是国家实现良好政治生态的有效途径和重要方法。到了南宋时期,理学家朱熹把封建伦理道德教育推到顶峰。朱熹说:"德行之于人大矣……士诚知用力于此,则不唯可以修身,而推之可以治人,又可以及夫天下国家。故古之教者莫不以是为先。"(《学校贡举私议》)关于教化的目的,朱熹认为:"修德之实,在乎去人欲,存天理。"(《与刘共父》)历朝历代通过把道德教化与政治相结合,维护了中国封建社会长达两千多年的阶级统治。虽然封建社会的道德带有极大的局限性,是为封建阶级统治服务的,但将道德教化与政治相结合的道德教育方法依然值得借鉴,可以赋予其新的时代内涵,使其在新的时代背景下发挥作用。

2.礼教与诗教、乐教相结合

"礼"是西周时期民德规范的主要形式,在夏、商、周三代形成并被后人记载于儒家的经典之中。"礼"不仅被应用于祭祀典仪等各种政治生活中,而且还通过艺术的形式将礼教与诗教、乐教相结合,贯穿于"六经"与"六艺"

中,感染、教导人们遵守社会规则。上古时代,音乐、舞蹈、诗歌三者密不可分。据《史记·孔子世家》说:"《诗》三百五篇,孔子皆弦歌之。"上古的乐,除音乐外还包括了舞蹈和诗歌,而乐与礼又是不可分的。孔子曰,"兴于诗、立于礼、成于乐"(《论语·秦伯》),认为诗能激发人们的道德情感,乐则可以增进人们的道德修养。在孔子的教育课程中可以十分清晰地看到儒家德育被置于首位的理念:"六艺于治一也。《礼》以节人,《乐》以发和,《书》以道事,《诗》以达意,《易》以道化,《春秋》以道义。"(《史记·滑稽列传》)六部经典的教育目的直接指向的是人的思想道德和行为修养。礼教与诗教、乐教相结合,使礼教更加生动,易于理解和吸收,更有利于在潜移默化中进行道德规范的养成。

孔子认为,以政治手段引导民众,以刑罚约束民众,虽可使民众免于犯罪,但却无法使他们树立以犯罪为耻的羞耻心。但如果用道德来引导民众,用礼来整顿民众,民众就会树立以犯罪为耻的羞耻心,从而自觉地端正行为。即,"道之以政,齐之以刑,民免而无耻;道之以德,齐之以礼,有耻且格"(《论语·为政》)。也就是说,"道之以政,齐之以刑"只能治标,而"道之以德,齐之以礼"方能治本。《论语·子罕》中也说"夫子循循然善诱人,博我以文,约我以礼",意为教师用各种典籍来丰富学生的知识,用礼仪来约束学生的行为。《礼记》中对于礼乐政刑的关系是这样说的:"礼节民心,乐和民志,政以行之,刑以防之。礼乐刑政四达而不悖,则王道备矣。"(《礼记·乐记》)乐与人的思想情感能够产生共鸣,有潜移默化的感染作用,"音成于外而化乎内"(《吕氏春秋·音初》)。要重视乐的教化功能和政治功能,认为"声音之道与政通矣"(《礼记·乐记》)。荀子说,乐"之入人也深,其化人也速"(《荀子·乐论》)。乐的教化效果比空洞的道德说教更为显著,因而"乐者,治人之盛者也"(《荀子·乐论》)。礼与乐的教化作用可以相互补充,"乐所以修内也,礼所以修外也"(《礼记·文王世子》),"乐行而志清,礼修而行成"(《荀子·乐论》)。

由此，大学生社会主义核心价值观教育也要增强仪式感，开展礼节礼仪教育，丰富礼节礼仪活动，规范礼节礼仪制度，并通过各种艺术形式和表现手法提升大学生社会主义核心价值观教育的生动性、趣味性和有效性。

3.言教与身教相结合

身教示范要求作为教育主体的教育者要严于律己，为受教育者树立良好榜样，发挥示范启迪作用，激励受教育者努力践行道德规范，这也是古代思想家所十分推崇的德育方法。孔子说："其身正，不令而行；其身不正，虽令不从。"（《论语·子路》）教育者不仅要向受教育者讲述道德要求，而且要通过言教向受教育者灌输道德规范，更重要的是教育者本身要自觉践行道德规范，增强说服力。荀子在孔子的这一思想的基础上，提出"师以身为正仪""以善先人者谓之教"。（《荀子·修身》）要求教育者以自身的道德素养为标准树立标杆，引导受教育者认真学习道德规范。"礼者所以正身也，师者所以正礼也。无礼，何以正身？无师，吾安知礼之为是也？礼然而然，则是情安礼也。师云而云，则是知若师也。师安礼，知若师，则是圣人也。"（《荀子·修身》）宋代朱熹也说："有善于己，然后可以责人之善；无恶于己，然后可以正之恶。"（《四书集注·大学注》）

在中华优秀传统文化中，教师传道授业解惑，承担着多元角色，是学生价值观的塑造者、能力的培养者、知识的传授者，对学生的培养是全方位的，对学生的影响是终身的。同时，父母对子女的影响也至关重要。"为人父者，当修身以率其子弟，身修则将有不言而威，不令而从者矣。"（《六事箴言·持家》）"治家之法，第一以身教为要。是以为家长者，先当自己躬行仁义，谨守礼法，凡事勤俭，一切诸般坏事都警戒勿犯。因而教诲子弟，大小未有不懔然尊从者。若或自己不正，虽严加教诲，而人皆不服矣。"（《传家宝》二集卷三，《人事通》三集）言教与身教相结合也是道德教育中知行合一、知行统一的体现。"尚行则笃实之风行焉，尚言则诡谲之风行焉。"（《皇极经世·观物内篇》）

创新大学生社会主义核心价值观教育机制，更要发挥高校教师的言传身教作用，"引导教师准确理解和把握社会主义核心价值观的深刻内涵，增强价值判断、选择、塑造能力，带头践行社会主义核心价值观"①。

4.家规与民约相结合

在家国同构理念下，一方面家、国之间的界限较为明显，另一方面在管理上却有各自逻辑。在古代社会，国家基层政权管理限于县级。国家对县以下的乡里社会有政治层面的管理的同时，社会自我管理的程度也很高，有较为明显的官民共治特色。为实现安定和睦、交往有序的乡里秩序，乡里社会往往会由当地较有名望的人士制定乡规民约等制度规范。同时，以制定家规的方式来限定和约束家庭和家族成员行为。这样，不仅维系了乡里和家族结构的稳定，而且使得传统价值观深入人心，从而大大促进了传统价值观的社会化与普及化。古人认为治家乃是治国平天下的基础。《大学》说："家齐而后国治，国治而后天下平"，"欲治其国者，先齐其家"。而且家庭教育建立于血亲关系的情感基础上，具有不可替代的作用。正所谓，"同言而信，信其所亲"（《颜氏家训·序致》）。明哲之士为子孙成才则对他们严格要求，绝不溺爱，"父母之爱子，则为之计深远"（《战国策·赵策四》）。为树立良好家风，古人曾先后撰写制订了各种家训、家诫、家规，规范家庭成员的行为。同时，历史悠久的乡规民约也是推行教化的重要方式。最早留下完整文字的是北宋时期的《蓝田吕氏乡约》，其分为"德业相劝""过失相规""礼俗相交""患难相恤"四部分。据《宋元学案》说，自《蓝田吕氏乡约》出，"关中风俗为之一变"，产生了积极影响。新时代背景下进行大学生社会主义核心价值观教育，也需要吸收家规与民约相结合的中华优秀传统道德教育手段，树立和弘扬良好家风，让家风承载和体现社会主义核心价值观的基本要求。

---

①　《中共中央国务院关于全面深化新时代教师队伍建设改革的意见》，人民出版社，2018 年，第8 页。

5.礼教与刑罚相结合

礼仪、法规都是对人的行为的外在约束,早在原始社会氏族社会就有了生活习俗和原始宗教的教育。教育事务在奴隶社会是国家行政管理的重要任务之一。到了春秋时期,孔子主张以"礼"为道德规范,以"仁"为最高道德准则,"礼"与"仁"成为道德教育的主要内容。儒家思想还认为道德教育的内化要礼主刑辅。孔子曰:"道之以政,齐之以刑,民免而无耻;道之以德,齐之以礼,有耻且格。"(《论语·为政》)"刑政"的逻辑在社会普遍化之后,会导致人为了一己之私和避免刑罚而相互猜忌、相互争斗,增高维持正常社会秩序的成本。而"尚德""重礼"就是为了要给人们的外在规约以良性循环的机会,启发人性。孔子讲:"不教而杀,谓之虐。"(《论语·尧曰》)指出要先用礼仪教化人民,再以刑罚处罚不循规蹈矩者,以此提高法律的权威性。春秋战国时期百家争鸣,国家和社会治理问题受到人们的高度重视。管子在高度重视道德作用的同时,强调法律、政令、刑罚同样是治国治民的重要手段,认为"国有四维:……一曰礼,二曰义,三曰廉,四曰耻";"四维张,则君令行";"四维不张,国乃灭亡"。(《管子·牧民》)同时,"治国使众莫如法,禁淫止暴莫如刑"(《管子·明法解》)。主张政治、法律、道德手段多管齐下,综合治理,"刑以毙之,政以命之,法以遏之,道以明之"(《管子·正世》)。西汉董仲舒认为,法治和德治要相互辅助,彼此之间无法替代。他写道:"庆赏罚刑不可不具也,如春夏秋冬不可不备也。……庆赏罚刑各有正处,如春夏秋冬各有时也。"(《春秋繁露·四时之副》)汉代统治者和思想家共同主张德与法要两手并用,法与刑是德治的强力后盾,离开法和刑的教化必将沦为空谈。西晋思想家傅玄将汉儒的主张概括为"威德相济"说,认为"立善防恶谓之礼,禁非立是谓之法"(《傅子·法刑》)。强调礼与法都是为了消除恶与非,但方式却不同,一个是正面引导以防恶,一个是用反面典型以明是。北宋程颐为强调法与刑的重要性,提出了"立法居先"说,指出"刑罚立而后教化行,虽圣人尚德而不尚刑,未尝偏废也。故为政之始,立法居先。治蒙之初,威之以刑者,所以说去其昏蒙之桎梏。桎梏谓拘束也,不去其昏蒙之桎梏,则善教无由而入"(《周易程氏传》卷一),认为刑罚乃是教化的前提和保障。宋儒对法与刑的作用非常重视的同时,也看到了刑罚作用的局限性,认为为政之本还是德教。南宋朱熹就曾对政、刑、德的关系做了这样的说明:"政者,为治之具;刑者,辅治之法。德礼则所以出治之本,而德又礼之本也。此其相为终始,虽不可以偏废,然政刑使民远罪而已,德礼之效,则有以使民日迁善而不自知。"(《四书章句集注·论语集注》卷一)"尚德不尚刑"的儒家在批判法家的同时又吸收了法家法治论中的合理成分,经历了从"为政以德"到德刑并举的发展演变。随着治理经验的丰富,对道德和法律的关系和作用的认识日趋全面。当前,对于国家和社会治理来说,要德治与法治共同发挥作用,法安天下,德润人心;对于大学生成长成才来说,要引导其树立道德和遵守法律,使其不断通过理论学习和实践体验提升思想道德素质和法治素养。

综上所述,中华优秀传统道德中道德教化与政治相结合,礼教与诗教、乐教相结合、言教与身教相结合、家规与民约相结合,礼教与刑罚相结合等都是社会主义核心价值观教育中可吸收借鉴的经验。当然,由于当时人们的认识水平、时代条件和社会制度的局限性,传统道德在其形成和发展过程中不可避免会受到制约,存在一些糟粕性的东西。把伦理思想与古代宗法制度相结合,以维护君君、臣臣、父父、子子的统治秩序,符合当时的社会发展,但无疑是不符合现在历史和时代发展的,因此结合新的实践和时代要求要进行正确取舍,扬弃借鉴。

(二)世界有益文明成果的启示

一个国家的核心价值观是指导社会成员价值选择和行为取向的准则,在锻造国民气质、凝聚社会共识和提升国家软实力上具备不可替代的作用。

伴随着经济全球化进程不断深入推进，世界各国更加重视核心价值观建设，这也为大学生社会主义核心价值观教育机制创新带来了启示。

1.显性教育与隐性教育相结合

核心价值观的显性教育是教育者有意识地以直接的授课方式，实现大学生社会主义核心价值观教育目的的教育活动。在实践中，各国都十分重视显性教育，在学校教育中大量采用正面灌输的方式。例如，在美国所有的学校都开设宗教类的课程，同时还大都开设"美国宪法""西方文明史""现代社会"等国民教育课程，宣传美国历史，塑造美国精神。而其他国家也采取类似做法，如德国设立宗教课和伦理课，英国开设宗教课和政治课，法国开设道德公民课和哲学课，日本开设道德教育课，新加坡开设伦理道德和法律意识教育等国民教育课程等。这些课程的主要内容都是对学生进行系统的核心价值观教育，培养具有特定价值观的公民。新加坡注重培养学生的公民意识和美德意识，从小学到大学都开设了"公民与道德"等专门的教育课程。

显性教育有其独特的优势和十分明确的目标。但是要做好核心价值观教育工作，还必须合理有效利用隐性教育的优势。核心价值观隐性教育是指在受教育者无意识的情况下，按照教育计划通过亲身活动体验、情境暗示、环境创设等潜移默化和耳濡目染的渗透方式来实现核心价值观教育目的的教育活动。隐性教育是很多发达国家非常重视的核心价值观教育方式。美国教育家约翰·杜威（John Dewey）的"参与社会生活进行教育"，认知疗法的创立者阿伦·特姆金·贝克（A.T.Beck）的"问题中心法""自由选择"，美国道德心理学家柯尔伯格（L.Kohlberg）的"道德两难问题讨论法""公正团体法"，都十分关注对学生行为的培养，带有明显的行为取向。还有，在日本比较典型的途径是通过动漫等形式潜移默化地传播，在受众最能适应的轻松并且毫无说教意味的故事叙述中强化着日本的核心价值观。这启示我们在进行社会主义核心价值观教育时应将显性教育与隐性教育结合起来相互配合和补充,从而达到最佳的效果。

2.知识灌输与实践强化相结合

核心价值观教育的主要途径不是设立单一或专门的核心价值观教育课程,而是通过宗教信仰教育、国民素质教育、伦理道德教育和人文情怀教育的教学综合开展。另外,专业课程也是从历史、社会和伦理学的角度渗透核心价值观教育的重要渠道。

英、法、美等国家非常重视实践活动在道德教育中的作用。例如,美国的学校会让学生参与到学校管理中来,由学生和老师一起制定学校的校规,通过组织学生参与节日庆典、文艺演出,参观纪念馆、博物馆等活动来渗透爱国主义教育,通过组织学生参与竞选活动来强化学生的民主意识,通过组织学生参与环境治理、慈善工作、社区志愿服务来增强学生的社会责任感。英国政府公民在 19 岁之前至少做 50 个小时的志愿工作。韩国规定高中毕业生要先服两年兵役才能升入大学或就业。

3.法治与德治相结合

在构建近现代西方价值文化的过程中,近现代西方政治家所设计的核心价值观制度化、法律化的重要体现就是施行宪政,把核心价值观的要求通过最高权威的宪法贯彻到社会生活的各个方面。比如,美国根据《独立宣言》的内容和精神制定了《美国宪法》,美国核心价值观体现在以《独立宣言》《美国宪法》《人权法案》为代表的美国政府的大量文件中;法国发布《人权宣言》后制定的《法国宪法》。在实行宪政的过程中,西方国家的核心价值观得以制度化和法律化。

1991 年 1 月,《共同价值观白皮书》的公布,使得新加坡成为世界上第一个以国家白皮书形式提出核心价值观的国家。并在此精神指引下开设了"好公民"课程,新加坡各校纷纷围绕这一内容开展相关教育。另外,新加坡政府为了体现共同价值观精神还制定了一整套法律和法规。在公民的日常行为和道德规范方面,新加坡从随便攀折树木、乱吐口香糖到垃圾丢弃、房屋外观等方面都做出了详细的细节要求和立法规定,并实行严厉的罚款,把道德的软性约束力与法律的国家强制力有机结合起来。

这些国家构建核心价值观过程中的制度化、法律化的成功经验告诉我们,要坚持法治和德治并举,只有辅以法制规范化的建设机制,才能确保践行核心价值观的过程有法可依、有章可循,从而保障核心价值观的价值导向在实践中得到切实遵循。

4.社区文化与学校教育相结合

美国因其较成熟的社区自治模式,在城市社区中成立了舞蹈、歌剧、音乐及影视艺术等各种各样的兴趣爱好组织,指导大学生学习和培养艺术方面的兴趣和技能。而社区的这些活动使得美国的青少年犯罪、酗酒、吸毒、少女怀孕等问题得到了一定的改善,取得了很好的效果。同样的,在日本社区中各种小型社区活动小组和兴趣小组发展迅速,其文化宫、音乐厅等设施经常举办一些公益性演出和展览,免费对外开放。由于政府的支持,纽约、东京和新加坡社区建设的资金来源多样化,得到了包括企事业机构的捐款和赞助、服务收费、银行贷款等渠道的充足的活动经费。通过社区文化与学校教育相结合,形成了立体的教育氛围。

综上所述,显性教育与隐性教育相结合,知识灌输与实践强化相结合,法治与德治相结合等世界文明有益成果确实在人类发展中发挥了历史性的作用,这些都是大学生社会主义核心价值观教育中可借鉴的经验。但同时,我们应正视自己文化传统的特殊性,积极应对西方资产阶级价值观的渗透,在社会主义核心价值观的选择方面避免拿来主义。尽管社会主义核心价值观与人类历史发展过程中不同社会形态中的价值观有相同的概念术语,但却有着不同的内在规定性。社会主义核心价值观是建立在公有制基础上的,是引领人类历史发展趋势,掌握先进文化前进方向的更具普遍世界历史意义的价值观,体现了社会主义社会的制度本质和意识形态的价值规定。世界的本原是物质的, 而世界上很多国家在核心价值观教育过程中将德育与宗教教育相结合。这种将德育与宗教教育相结合的方式, 在内容上是不科学的,在方法上如核心价值观教育的仪式感等环节是可借鉴的。我们在借鉴过程中,要处理好外来引进与本土化融合之间的辩证关系,有鉴别地对待,取其精华,去其糟粕,不断丰富大学生社会主义核心价值观教育的资源和手段。

第二章　大学生社会主义核心价值观教育机制创新的现状及问题

　　创新是在继承历史发展成果的基础上，发现和运用事物的新联系、新规律，更有效地认识世界和改造世界的活动。"创新是引领发展的第一动力。必须把创新摆在国家发展全局的核心位置，不断推进理论创新、制度创新、科技创新、文化创新等各方面创新，让创新贯穿党和国家一切工作，让创新在全社会蔚然成风。"[1]大学生社会主义核心价值观教育机制创新需要全面了解掌握现状，找出问题，通过分析产生问题的原因，直面面临的挑战，才能增强大学生社会主义核心价值观教育的科学性和实效性。

一、创新大学生社会主义核心价值观教育机制的必要性

　　创新是一个经济学概念，约瑟夫·阿洛伊斯·熊彼特（Joseph Alois Schumpeter）由于最早提出了"创新理论"，因而被称为创新理论的鼻祖。1910

---

　　① 中共中央文献研究室编：《十八大以来重要文献选编》(中)，中央文献出版社，2016年，第792页。

年,他在《维也纳大学学刊》发表了题为《经济危机的实质》的文章,"第一次提出了'经济变化源于创新'的观点"①。作为一种具有多元特征的现象,创新主要是理论创新和实践创新两个基本方面。同时,机制具有科学化、规范化、长效化的特点,创新大学生社会主义核心价值观教育机制是从理论和实践两个层面提高人才培养质量、抓好意识形态工作、加强大学文化建设的需要。

(一)提高人才培养质量的需要

2012 年 3 月,教育部强调:"牢固确立人才培养的中心地位,树立科学的高等教育发展观,坚持稳定规模、优化结构、强化特色、注重创新,走以质量提升为核心的内涵式发展道路。"②教育的所有工作都要围绕提高人才培养质量展开。2018 年 5 月,习近平在北京大学师生座谈会上的讲话中指出:"要坚持不懈培育和弘扬社会主义核心价值观,引导广大师生做社会主义核心价值观的坚定信仰者、积极传播者、模范践行者。"③当代大学生作为国家和民族的希望,是当代青年中较为优秀的群体,是社会主义现代化建设的宝贵人才资源,也是新时代的见证者、开创者、建设者。"人才是创新的第一资源,人才资源是我国在激烈的国际竞争中的重要力量和显著优势。"④实现人的全面发展,除了物质文明得到长足发展外,还要使大学生在思想政治素质、科学文化素质和法治素养等方面达到较高的水平,建立健全符合国情的人才培养质量标准体系,提升大学生的专业能力和知识视野,把大学生培养成政治过硬、国家急需、专业突出、潜力巨大的社会主义建设事业生力军。

---

① 　徐则荣:《创新理论大师熊彼特经济思想研究》,首都经济贸易大学出版社,2006 年,第 1 页。
② 　教育部思想政治工作司组编:《加强和改进大学生思想政治教育重要文献选编(1978—2014)》,知识产权出版社,2015 年,第 532 页。
③ 　习近平:《在北京大学师生座谈会上的讲话》,人民出版社,2018 年,第 6~7 页。
④ 　《习近平著作选读》(第二卷),人民出版社,2023 年,第 517 页。

　　建设教育强国,龙头是高等教育。高校要从促进大学生全面发展出发,将束缚人才发展的思想观念和体制机制强力剔除,使得创新发展意识深入人心,切实提升大学生创新发展能力。同时,要把高校的各项工作落实到提高人才培养质量上来,使大学生具有国际交往的视野、知识、能力和才干,加强品德修养,增长学识本领,增强综合素质,提高审美素养,弘扬劳动精神,成为德智体美劳全面发展的社会主义建设者和接班人,牢固树立并自觉践行社会主义核心价值观。由此,创新大学生社会主义核心价值观教育机制成为尤为重要和迫切的工作。

(二)抓好意识形态工作的需要

　　法国哲学家德斯蒂·德·特拉西(Destutt de Tracy)在《意识形态原理》(Eléments D'idéologie)一书中最早提出"意识形态"一词。他认为,意识形态作为"观念科学"是一切学科的基础。1846年标志着马克思主义意识形态理论诞生的《德意志意识形态》完成。在《路易·波拿巴的雾月十八日》一文中,马克思阐述了意识形态的含义,他写道:"在不同的财产形式上,在社会生存条件上,耸立着由各种不同的、表现独特的情感、幻想、思想方式和人生观构成的整个上层建筑。整个阶级在其物质条件和相应的社会关系的基础上创造和构成这一切。"[①]马克思在《〈政治经济学批判〉序言》中对"意识形态"一词进行了具体阐释,指出:"不是人们的意识决定人们的存在,相反,是人们的社会存在决定人们的意识。……人们借以意识到这个冲突并力求把它克服的那些法律的、政治的、宗教的、艺术的或哲学的,简言之,意识形态的形式。"[②]意识形态的实质是一种社会意识形式,是由社会存在所决定的。这样,马克思、恩格斯就对意识形态予以了历史唯物主义的科学理解。马克思、恩

---

① 《马克思恩格斯选集》(第一卷),人民出版社,2012年,第695页。
② 《马克思恩格斯选集》(第二卷),人民出版社,2012年,第2~3页。

格斯还在此基础进一步分析,在阶级社会里,统治阶级的思想在每一个时代都是占统治地位的思想,而"占统治地位的思想不过是占统治地位的物质关系在观念上的表现,不过是以思想的形式表现出来的占统治地位的物质关系;因而,这就是那些使某一个阶级成为统治阶级的关系在观念上的表现,因而这也就是这个阶级的统治的思想"①。2013 年 8 月,习近平在全国宣传思想工作会议上强调:"意识形态工作是党的一项极端重要的工作。"②

意识形态是一种能够反映一个国家民族和阶级阶层的根本利益的思想体系。在思想文化不断交流交融交锋、不同价值观博弈日益激烈的世界大发展大变革大调整时期,意识形态工作面临的内外环境相对复杂,我们必须胸怀大局,找准工作切入点和着力点,用马克思主义及其中国化时代化的成果武装大学生头脑,弘扬主旋律,传播正能量,使大学生坚定理想信念,厚植爱国主义情怀,培养艰苦奋斗精神,捍卫马克思主义在意识形态领域的指导地位,坚持党性原则,坚持人民性,坚持讲政治,把握正确舆论导向,敢于亮剑发声。

高校是意识形态工作的前沿阵地,要加强对意识形态阵地的管理,壮大主流思想舆论,批评错误观点和错误倾向,扎扎实实抓好意识形态工作,旗帜鲜明地抓政治性、原则性、导向性问题,巩固马克思主义在高校意识形态的主导地位。社会主义核心价值观契合我们的历史文化,适用于需要解决的时代问题。大学生社会主义核心价值观教育,与我国意识形态安全息息相关。大学生社会主义核心价值观教育机制只有不断创新,才能适应新的变化,从而使社会主义核心价值观内化于大学生之心、外化于大学生之行。

---

① 《马克思恩格斯选集》(第一卷),人民出版社,2012 年,第 178 页。
② 中共中央宣传部:《习近平总书记系列重要讲话读本》,学习出版社、人民出版社,2016 年,第 192 页。

（三）加强大学文化建设的需要

"文化"一词的应用十分广泛,从语言学的角度有"文治教化"的意思。文化是一个国家、一个民族的灵魂,核心价值观是一个国家的重要稳定器。大学文化无论是对高校本身的发展、大学生精神世界的丰富,还是对国家软实力的提升、文明进步的推动都起着十分重要的作用。

高校校园文化建设由物质文化建设、精神文化建设和制度文化建设等方面组成,需要在大学文化建设的过程中融入社会主义核心价值观,加强大学文化建设需要创新大学生社会主义核心价值观教育机制。同时,大学文化又可以间接地、软性地影响大学生的社会主义核心价值观构建,提高大学生社会主义核心价值观教育的有效性。

随着改革开放的逐步深入和各种思潮的不断涌现,大学生的价值观念也愈加多元多样。大量的信息充斥着校园文化,也对大学生产生了极大的诱惑力和吸引力。与此同时,一些消极思想和负面情绪极易使辨别能力还尚未成熟的大学生迷失方向。高校要加强大学文化建设,以中华优秀传统文化作为有力支撑,用社会主义先进文化进行积极引领,充分整合校内外教育资源,完善高校校园文化活动设施,加强高校校园人文环境培育,形成有利于培育社会主义核心价值观的生活情景和社会氛围。使大学生在校园文化潜移默化的熏陶中产生强烈的认同感和归属感,增强文化自觉和文化自信,自觉树立国家意识、民族意识、责任意识,进而建设社会主义文化强国。

二、大学生社会主义核心价值观教育机制创新的现状

高校已经初步构建了大学生社会主义核心价值观教育宣传舆论机制、课堂教学机制、实践养成机制、校园文化建设机制。这些机制的构建有助于

大学生社会主义核心价值观教育，从而使大学生自觉成为社会主义核心价值观的积极培育者和主动践行者。大学生社会主义核心价值观教育机制的构建虽然初步形成并取得了一定成果，但在创新方面依然存在亟待解决的诸多问题。分析大学生社会主义核心价值观教育机制创新的现状，把握其中遇到的关键问题和关键环节，才能有针对性地解决问题。

（一）宣传舆论机制创新现状

社会信息化彻底地改变了大学生获取、处理、生产、加工信息的方式，新旧媒体的深度融合加大了社会舆论的影响力，使大学生的学习和生活环境发生了很大的变化。目前，高校大多拥有多种宣传舆论媒体，取得了很多突破和成绩，高校校园网络建设取得明显成效，网络阵地更加巩固，网络空间主流思想舆论巩固壮大，网络综合治理体系基本建成，网络安全保障体系和能力持续提升，校园周边网络环境明显改善，网络宣传内容日益丰富，社会主义核心价值观教育专题专栏不断推出，大学生网络道德教育有效推进，网上评论员队伍持续扩大，校园网络管理工作队伍政治培训不断加强，队伍整体水平大幅提高。同时，高校校园网络信息预防和应对处理能力显著增强，网络技术防控体系全面加强。

但面对开放的网络空间环境，大学生社会主义核心价值观教育宣传舆论机制还需优化，特别是校园媒体宣传机制稍显滞后、舆情引导机制有待健全、网络管理机制亟须完善。第一，理论研究、宣传推广和文化渗透机制还有待健全和完善。高校校园网的特色化和个性化服务有待提高，高校对网络话语体系的运用缺乏研究，高校师生之间在网络中的思想教育和精神交流还不够顺畅，单纯的理论灌输还比较多，教师把握并运用网络运行和教育规律还有待加强。第二，校园舆情的监测汇集、分析研判和应对处理机制还有待健全和完善。大学生社会主义核心价值观教育与网络平台的结合还面临不少难题，网络言论的自由性使得避免大学生受到不良社会舆论侵蚀的任务依然繁重。第三，校园网络的风险防范、运行管理和安全维护机制还有待健全和完善。受到高校教师队伍网络文化建设观念和技术水平的制约，宣传舆论的管理能力还有待提高，在配套建设方面也存在诸多不足，新媒体的作用仍没有得到有效发挥。

（二）课堂教学机制创新现状

目前，高校主要通过课堂教学让大学生学习接受社会主义核心价值观，思政课受到高校高度重视，是大学生社会主义核心价值观教育主渠道、主阵地。思政课程设置和教学体系更加完善，教师培训支持力度显著增强，教师队伍整体素质持续提高，思政课教材建设不断发展，思政课教学质量进一步提高，学科建设基础逐步夯实。人文课程和专业课程的教材质量和权威性明显提高，教学的针对性更加鲜明，教学方法得到了一定改进，大学生课堂参与的积极性和主动性明显改善。

但大学生社会主义核心价值观教育课堂教学机制还需优化，特别是思政课程教育机制稍显滞后、人文课程教育机制有待健全、专业课程教育机制亟须完善。第一，思政课程规范、教学方法创新、教师队伍建设机制还有待健全和完善。目前思政课教师课堂讲授理论的成分多，与大学生针对新时代下复杂的国际政治、经济形势、国内外热点等现实问题的讨论较少，教育理念与教学实际之间还存在一定的偏差，课堂教学效果还需要提升，需要增强大学生社会主义核心价值观教育的针对性、实效性和吸引力。教师队伍建设方面，教师选配和培养工作还存在短板，队伍结构还要优化，评价和支持体系有待健全。第二，外部环境熏陶、内在体验感悟、自我反思省察机制还有待健全和完善。人文课程教学的内容、形式和方法还存在不少短板，还要更加注重人文精神的传承和人文底蕴的增强，给予大学生主动探寻和独立思考的空间还有待扩展。第三,教育资源挖掘、教学环节融入、素质教育实施机制还有待健全和完善。专业课程当中的大学生社会主义核心价值观教育资源挖掘不够,有效融入的意识不强,专业课程中的大学生社会主义核心价值观教育还未引起足够重视,在实际教学过程中也是相对薄弱的部分,特别是高校专业课教师对社会主义核心价值观与大学生成长成才的关系认识还不够深入,课程思政还有待提升。大学生社会主义核心价值观教育作为一种集思想性和知识性于一体的教育,在教育方法上如果片面强调教育者的权威,采取注入式和填鸭式教育,教育就完全成了教育者自我表演的舞台,将很难被大学生接受。接受教育的对象是人,也存在着一定的接受图式,从而影响着主体接受的程度。独白式教育无视教育对象的多样性,过于重视教育者主体作用的发挥,教育对象完全处于消极被动的状态,会损伤教育对象的积极性。久而久之,就会挫伤大学生的积极性。

（三）实践养成机制创新现状

马克思在《关于费尔巴哈的提纲》中指出:"从前的一切唯物主义(包括费尔巴哈的唯物主义)的主要缺点是:对对象、现实、感性,只是从客体的或者直观的形式去理解,而不是把它们当做感性的人的活动,当做实践去理解,不是从主体方面去理解。"[1]"人的思维是否具有客观的真理性,这不是一个理论的问题,而是一个实践的问题。人应该在实践中证明自己思维的真理性,即自己思维的现实性和力量,自己思维的此岸性。"[2]也就是说,无论什么理论或者理念,都需要通过实践来检验它们本身是不是具有客观真理性。价值观的形成总是与每一个人自身需要和亲身体验相联系。社会主义核心价值观的确立和大学生的成长环境以及亲身体验密不可分,只有把内化于心、

---

① 《马克思恩格斯选集》(第一卷),人民出版社,2012年,第133页。

② 《马克思恩格斯选集》(第一卷),人民出版社,2012年,第134页。

外践于行有机结合起来，才能提高大学生价值判断和分析问题解决问题的能力。目前，高校积极鼓励大学生参加社会实践和社会调查等活动，帮助大学生认识社会和了解国情。实践育人教育教学体系和育人成效考核评价体系不断完善，思政课实践教学环节取得实效，实践教学方法改革不断深化，实践育人的形式不断拓展，社会实践活动不断丰富，公益活动显著增强，科技创新大幅提高。

但大学生社会主义核心价值观教育实践养成机制还需优化，特别是实践基地活动机制稍显滞后、社会调研活动机制有待健全，以及志愿公益活动机制亟须完善。第一，实践课程开发、实践基地建设和实践制度保障机制还有待健全和完善。实践课程与教学环节衔接还不够紧密，实践基地种类还不够丰富，这些困境使得大学生社会主义核心价值观教育效果还有待提升。第二，调研活动领导、调研过程运行和调研结果反馈机制还有待健全和完善。社会调研活动有流于形式之嫌，大学生撰写调研报告能力有待提高，调查方法手段还不够丰富，与调研目标差距依然较大。第三，社区共建合作、勤工助学管理和志愿服务激励机制还有待健全和完善。现代城市社区发展较快，为提高教育效果和创新教育手段提供了条件，但大学生社会主义核心价值观教育任务依然繁重。同时，农村社区生活方式简单传统，具有密切的传统血缘、亲缘和地缘关系，但监督管理工作还存在不少薄弱环节。

（四）校园文化机制创新现状

高校目前都比较重视将社会主义核心价值观融入校园文化建设中，校园景观建设全面加强，校园物质文化环境持续改善，校园人文环境建设不断提升，校内文化设施不断完善，校园文化活动形式更加丰富多彩，大学生社团作用不断凸显，比较注重校园文化活动的娱乐性或政治性，大学生社会主义核心价值观主题教育活动更加生动鲜明。师德师风建设工程有效推进，高校教师职业道德规范不断完善。高校校园治安综合治理工作进展顺利,大学生行为规范更加完善,道德实践活动取得实效,党团组织和学生会、研究生会的作用持续扩大,对高校校园文化建设的重视程度不断加强。

但大学生社会主义核心价值观校园文化建设机制还需优化,特别是校园物质文化建设机制稍显滞后、校园精神文化建设机制有待健全,以及校园制度文化建设机制亟须完善。第一,景观规划、基建管理、设施保护机制还有待健全和完善。有些高校在特色建设上盲目跟风,校园文化建设方式趋同,特色不突出,校园环境建设任务依然繁重。第二,校风形成、教风建设、学风生成机制还有待健全和完善。高校过于注重对外的开放与接纳,却忽视了内容上的思想性、创造性,以及自身的管理与调控,忽视了两者的有机结合,教育形式陈旧,缺乏应有的更新方式,还存在不少薄弱环节。第三,课程管理、社团管理、宿舍管理制度还有待健全和完善。课程管理的精细化程度还有待提高,顶层设计和宏观把控还有待加强。社团管理还需要更加规范,社团的成立和解散制度还有待健全。良好的宿舍文化建设能够帮助大学生端正生活态度,增强自律意识和责任意识。因而更要把重点放在有针对性的大学生社会主义核心价值观教育上,才能真正提高大学生的综合素质。另外,宿舍文化建设管理观念相对落后,形式单一,缺少创新,大学生在宿舍文化建设中主体性作用有待提高。

（五）考评监督机制创新现状

通过健全和完善考评监督机制,可以明确目标导向,确保大学生社会主义核心价值观教育目标的完成。科学合理的考评监督机制能调动高校管理者和教育者的工作积极性,使其积极投身于社会主义核心价值观的宣传教育之中。目前,现代高校制度建设取得进展,教育经费投入保障机制更加完善,教育经费使用管理更加规范,教育职责评价有效推进,教育督导规程不断完善,政策保障显著增强,法律约束全面加强,考评监督机制的建立为大学生社会主义核心价值观教育提供了保障。

但大学生社会主义核心价值观教育机制创新考评监督体系还需健全,特别是考评机制稍显滞后、监督机制有待健全,以及保障机制亟须完善。第一,深入考查、全面核实和科学评价机制还有待健全和完善。考评多分组进行,考评组成员业务水平参差不齐,考核标准规范性有待提高,尺度把握不一,再加上一些个人感情介入,也在一定程度上影响了考评的公平和公正。第二,自我监督、舆论监督和职能部门监督机制还有待健全和完善。党内监督与党外监督,自下而上的监督与自上而下的监督,自我约束与组织监督相结合的机制还需要进一步落实。存在监督者的认识不到位,监督主体虽然处于主动地位,但难以无所顾忌实施监督的问题。监督者主动性不够,往往处于一种被动、应付、应急的状态,被监督者在思想上也存在一些片面认识,认为下级监督上级、同级相互监督作用不大。这些错误认识,在很大程度造成了监督效力难以充分地发挥。第三,经济保障、组织保障和法治保障机制还有待健全和完善。领导体制和工作机制还存在不少薄弱环节,面临不少难题,任务依然繁重。

三、影响制约大学生社会主义核心价值观教育机制创新的问题

教育机制的内在逻辑运动决定着教育活动的本质、目的、方向、路线和趋势。当前,影响制约大学生社会主义核心价值观教育机制创新的问题主要有:教育机制要素组成有待完善、机制结构联系略显松散、机制功能定位亟待明确、机制运行动力尚需增强、机制演进发展相对缓慢。机制作为一个自动运行并发挥作用的系统,各要素之间相互关联,并遵循一定的机理有效运行和有效运动。正确把握影响制约大学生社会主义核心价值观教育机制创

新的问题,才能够有针对性地进行教育机制的创新。

(一)机制要素组成有待完善

机制是由要素按一定的组合方式构成的,其运行需要机制各要素之间的相互作用和相互配合。大学生社会主义核心价值观教育机制是一个复杂的体系,包含社会主义核心价值观教育客观物质条件、教育体制、教育从业人员、教育思想、教育历史、教育传统等内部主要要素,以及政治体制、领导人的教育观念、社会政治运动、社会政治思潮、民族文化传统、社会经济水平、科学技术水平等外部主要要素。这些内部主要要素和外部主要要素之间又是相互影响和相互作用的,不能孤立、静止、片面地看待和区分。同时,大学生社会主义核心价值观教育机制作为一个社会性系统是非常庞大的,需要家庭、社会与学校等各方形成强大合力。但本书所讨论的是高校内的大学生社会主义核心价值观教育机制创新,所以行文中将外部主要要素放在了对内部主要要素产生影响的各章节中进行阐发。当前,在高校中可以使用和发挥作用的大学生社会主义核心价值观教育机制要素还存在内容不全面、划分不合理、体系不完善等问题。因此,创新大学生社会主义核心价值观教育机制,长期有效发挥大学生社会主义核心价值观教育机制整体功能,要完善和丰富大学生社会主义核心价值观教育机制的内部主要要素和外部主要要素。

(二)机制结构联系略显松散

大学生社会主义核心价值观教育机制的结构作为组成教育机制各种要素的结合方式,要把组成教育机制的各种要素有机地结合起来,既保持其各自的独特性,又使其服从于大学生社会主义核心价值观教育机制创新这个总目标和总活动,以保证教育机制以稳定、规范、规律和互动的方式更好地发挥作用。大学生社会主义核心价值观教育机制的各要素不是闲散或凌乱地存在或分布的，这些要素以科学合理的结构紧密联系起来才能够有机运行。随着大学生社会主义核心价值观教育机制要素的不断完善和丰富，机制结构之间的联系对于机制作用的发挥就愈来愈重要。作为一个闭合的能够自动发挥作用的教育机制，大学生社会主义核心价值观教育机制要素之间的结构联系可以成为促进或限制机制发挥作用的重要因素。当前，大学生社会主义核心价值观教育机制相关的组织架构和人员设置不健全、规划不科学，机制各要素间协调性不够、缺乏整体性和层次性等问题依然存在。因此，要想使大学生社会主义核心价值观教育机制顺畅运行，机制结构的联系需要更加紧密。

（三）机制功能定位亟待明确

大学生社会主义核心价值观教育机制在促进教育活动的过程中，形成了各种形态的功能，对教育活动产生了多方面的影响。从与各种具体机制要素的交往角度来看，有吸纳功能、接受功能、评价功能、释放功能、反馈功能、修正功能等社会性功能和定向功能、整合功能、协调功能、引导功能、规范功能等教育性功能。大学生社会主义核心价值观教育机制在功能发挥中，以各种方式推动教育活动发展，要把握好大学生社会主义核心价值观教育机制运行的各环节，清除教育活动障碍和活动中的各种矛盾，调节各种关系。目前存在的主要问题是大学生社会主义核心价值观教育机制的执行不到位，大学生社会主义核心价值观教育机制的功能发挥略显薄弱。有的社会主义核心价值观教育机制构建没有经过深入扎实的调查研究，随意性较强、计划性较差，做表面文章，只是为了响应号召而进行的不切实际的机制构建。缺乏时代感和现实感的静态机制难以激发各要素的内在活力，存在高、大、空现象，难以有效地运行与执行下去。大学生社会主义核心价值观教育，要"在落细、落小、落实上下功夫"①。因此,要创新大学生社会主义核心价值观教育机制,需要对大学生社会主义核心价值观教育机制的功能定位进行明确,切实发挥机制功能作用。

(四)机制运行动力尚需增强

运动是教育机制的根本特征,也是教育机制的生命和价值所在。大学生社会主义核心价值观教育机制作为一个动态体系,其特征不是某个部分或某个环节的局部运动,而是整个机制全面而系统的运动。也就是说,大学生社会主义核心价值观教育机制创新不只是若干个机制创新的局部创新,而且是机制各要素之间全面的系统创新。这种动态的运动作为一种过程,必然需要一种促动的力量。动力是事物产生和发展的内在力量,是事物自身功能不断发挥作用的必然要求。大学生社会主义核心价值观教育机制的运动结构是一个有机、有序的动态整体,由此机制运动的动力体系也应该是一个具有相应水平的整体,只是这个整体不像大学生社会主义核心价值观教育机制运动结构那样规范有序和具有相对稳定的结构。大学生社会主义核心价值观教育机制运行动力包括社会动力体系和教育动力体系等宏观层次的动力体系,政治、经济、文化、科技对教育的具体要求等中观层次的动力体系和微观层次的动力体系,协调有效地促进大学生社会主义核心价值观教育机制的畅通运行。这些宏观、中观、微观层次的动力体系既有内在的自动力,又有外在的推动力。因此,创新大学生社会主义核心价值观教育机制,要增强机制运行的动力。

---

① 《习近平谈治国理政》(第一卷),外文出版社,2018 年,第 165 页。

（五）机制演进发展相对缓慢

教育机制作为一种社会活动系统的客观形式，具有相对的稳定性，其演进作为对原来内容的发展和更新，是应该与原先水平或内容有明显区别的。比如，教育性质、方式、体制、功能和结果的变化作为机制演进的衡量标准。当前大学生社会主义核心价值观教育机制在总体上是进步的、发展的，但发展的规模、水平都不甚理想。往往是一边大力提倡和发展，一边产生抑制或阻碍发展的问题，在发展的总趋势中存在着问题。特别表现为大学生社会主义核心价值观教育还没有与社会各个方面保持良好的相互促进、相互依存的关系，一些社会中的不良现象和错误观念对大学生价值观的冲击依然严重。另外，大学生社会主义核心价值观教育机制的演进可以说是个矛盾体，本身始终是处于活动之中的。大学生社会主义核心价值观教育机制的各方面要素都在不同层次、不同维度、不同方面运动着，通过各层次的运动保证教育机制本身的平衡、稳定、规范、有序，保证机制功能的发挥和目标实现。大学生社会主义核心价值观教育机制的演进是社会各方面力量价值性正向活动的结果，提出了社会发展必须在理性、良性、文明、开放的环境中进行的要求。由于教育结果具有普遍认同的客观性，因此教育结果往往成为反馈教育过程优劣、评判教育是非曲直的依据和条件。大学生社会主义核心价值观教育机制在和平的、渐进的过程中的良性变化，才是机制自己的运动，是产生于机制本质、特征之符合大学生社会主义核心价值观教育机制本性的天然运动。

四、影响制约大学生社会主义核心价值观教育机制创新的原因

由于经济全球化的强烈冲击、网络信息技术的双重影响、全面深化改革

的不断推进、社会主义市场经济体制的发展和完善等,社会生活中出现了一系列新变化、新情况、新问题。影响制约大学生社会主义核心价值观教育机制创新的原因有:教育意识略显保守、教育理念相对落后、教育方式有待丰富、教育环境稍显复杂、教育机制较为无序等。

(一)教育意识略显保守

在影响制约大学生社会主义核心价值观教育机制创新的原因中,灵活性没能充分发挥出来的关键问题在于教育意识的保守性,教育方式方法具有简单化倾向。在这种条件下,大学生社会主义核心价值观教育无法展现自己的本质内涵。恩格斯指出:"文化上的每一个进步,都是迈向自由的一步。"[①]中国特色社会主义进入新时代,大学生社会主义核心价值观教育要与时俱进地体现时代特色,响应时代召唤,勇担时代使命。这也要求在创新大学生社会主义核心价值观教育机制的过程中解放思想,实事求是,积极探索教育实践和机制创新中出现的新问题和新困惑。大学生社会主义核心价值观教育机制的创新既需要完善和丰富内部主要要素及外部主要要素,又需要各组成要素之间相互沟通与配合,这样才能开阔新视野,抓住新机遇,阔步新征程。

(二)教育理念相对落后

大学生社会主义核心价值观教育实效性受到影响和制约与教育理念的落后性有很大的关系,机制结构联系不够紧密,还没有形成一种系统性和长效性的教育机制。当前高校的大学生社会主义核心价值观教育存在着一定的片面性,比如大学生社会主义核心价值观教育与专业教育相比受重视程度还不够。个别专业课教师把大学生社会主义核心价值观教育仅仅看作是

---

① 《马克思恩格斯文集》(第九卷),人民出版社,2009年,第120页。

意识形态的传播,大学生社会主义核心价值观教育在社会认同、影响力方面还缺乏优势。教育体制管理理念粗放化,导致大学生社会主义核心价值观教育无法展现自己的人文性和科学性魅力。这些落后的教育理念使得高校在教学活动中更加注重对大学生科学文化知识的传授和专业技能的培养,而对大学生的思想动态、心理健康和价值观养成重视程度不够,也成为影响制约大学生社会主义核心价值观教育机制创新的重要因素。

(三)教育方式有待丰富

在教育过程中需要明确机制功能定位,使用丰富的手段、方式和方法才能使大学生增强对社会主义核心价值观的敬畏心和敬重感,实现大学生对社会主义核心价值观的知、情、意、行的良性循环,进而切实地践行社会主义核心价值观。而大学生社会主义核心价值观教育过度关注理论灌输而忽视实践渗透,缺乏体验式的教育方式,大学生社会主义核心价值观教育的仪式感也有待增强,还没能真正做到与社会教育和实践教育的有效对接。大学生社会主义核心价值观教育过度运用行政命令和规则制度导向,缺乏多样化的激励机制,也使得外在激励无法转化为内在需要和动力,大学生社会主义核心价值观教育在高校教育中的优先地位还没有真正确立。教育方式的单一性既影响了大学生社会主义核心价值观教育的效果,又影响制约了大学生社会主义核心价值观教育机制的创新。

(四)教育环境稍显复杂

马克思明确指出:"人的本质不是单个人所固有的抽象物,在其现实性上,它是一切社会关系的总和。"[①]大学生社会主义核心价值观教育环境主要

---

① 《马克思恩格斯选集》(第一卷),人民出版社,2012年,第135页。

包括社会、学校、家庭的环境,在某种程度上是一种隐性教育,需要形成一种合力,增强机制运行的动力。良好家风的传承有助于大学生社会主义核心价值观的构建,家庭环境作为私密性极强的一个场所,父母的言传身教是否符合社会主义核心价值观的要求会直接影响大学生世界观、人生观、价值观的确立。同时,大学生对社会热点问题都非常关切,也有自己的思考和分析,却依然容易受到媒体和舆论的引导。信息化社会的纷繁资讯和海量信息,使大学生这一还相对缺乏社会经验的群体在面对更多的诱惑和困惑时亟须思想和精神上的正确引领。大学生正处于人生的关键时期,也是正确价值观养成的重要阶段。面对网络环境特别是自媒体的冲击,高校教师和教育的优势无法得以充分体现,也影响制约了大学生社会主义核心价值观教育机制的创新。

(五)教育机制较为无序

当前大学生社会主义核心价值观教育机制创新的主要问题是无法从整体结构和功能上真正体现教育机制运行的规范性和科学性效果,大学生社会主义核心价值观教育机制无法有序运行,机制演进发展相对缓慢。大学生社会主义核心价值观教育机制是一个闭合的自动有序运行系统,有其逻辑起点,经过中间过程和环节到达逻辑终点后无限循环往复。如果不能有序运行,就会影响其依靠自身即可自动发挥作用的强大功能。大学生社会主义核心价值观教育机制建立后应该自动有序运行,无序的表现一般和大学生社会主义核心价值观教育机制的要素和结构是否科学,以及是否有外力的强力干扰和阻碍相关。这就要求在大学生社会主义核心价值观教育机制建立前要细致、规范、科学,在大学生社会主义核心价值观教育机制建立后要落实、保障、维护。教育机制的无序性不仅会影响大学生社会主义核心价值观教育机制的正常运行,还会影响制约大学生社会主义核心价值观教育机制的创新。

五、大学生社会主义核心价值观教育机制创新面临的挑战

经济全球化、社会信息化、文化多样化、体制市场化相互交织,共同构成了当代大学生社会主义核心价值观教育的现实境遇。这些现实境遇既为大学生社会主义核心价值观教育机制创新创造了机遇,也提出了挑战。与此同时,大学生的思维方式、认知方式、行为方式、生活方式和活动方式等发生了巨大变化,面对历史挑战、现实挑战,大学生社会主义核心价值观教育机制创新要适应这些新变化、新情况,解决新问题。

(一)历史挑战

源远流长的中华文明蕴含的中华优秀传统文化对大学生的道德教化和人生感悟可以产生积极的作用,是滋养社会主义核心价值观的源头活水,对大学生价值观的确立有着深刻的影响。但同时,封建社会遗留的旧习惯和旧思想,如人治挑战法治,皇权至上挑战民主,等级制度挑战平等,对大学生社会主义核心价值观的培育和践行会产生消极的作用,也是创新大学生社会主义核心价值观教育机制要面对的挑战。

第一,人治挑战法治。在各种剥削阶级的社会中,都是极少数人对绝大多数人的统治。在我国古代,一般说来,儒家主张以人治为主,主张"其人存,则其政举;其人亡,则其政息"(《礼记·中庸》)。道家主张"无为而治"(《道德经》)。这些都是以人治为主的治理方式。人治有其有益的一面,但带有随意性和不稳定性,弊大于利。人治思维与我国依法治国、依法执政的理念以及社会主义核心价值观的内涵与要求不符。

第二,皇权至上挑战民主。封建社会制定的法律其地位往往在皇权之

下,统治地区的君主凭借自己手中的权力,可以随心所欲,几乎不受任何约束。而且,皇权至上思想还在法律条款中贯彻了法有等差的原则,官僚贵族和地方官吏触犯了法律,可分别享受"议、请、减、赎、当、免"等特权,称为"八议"或"官当",由此带来种种社会陋习。

第三,等级制度挑战平等。依亲亲尊尊关系相区分的等级出现后又用制度将其固定起来。在中国,传统习惯演化而成的礼早于成文法的形成,先是围绕祭神拜鬼而形成的礼乐制度,后有孔子为等级制度服务而构建的更具人文色彩的思想体系。这些封建历史中为封建阶级统治服务的思想和理论等,给大学生社会主义核心价值观教育带来了挑战。

(二)现实挑战

当今大学生所面临的意识形态的多元化和差异性对大学生社会主义核心价值观教育产生了冲击。创新大学生社会主义核心价值观教育机制面临西方意识形态的渗透、市场经济负面影响、移动互联网的冲击等现实挑战。

第一,西方意识形态的渗透。大学生社会主义核心价值观教育机制创新,面临着西方意识形态渗透的挑战,所谓的"普世价值""全球伦理"对大学生的思想产生了不容忽视的影响。"人创造环境,同样,环境也创造人。"[①]伴随着工业化、现代化的发展,随着中国对外开放程度的日益加深,我国社会文化领域的多样化发展趋势也日益明显。在利益群体多元化、表达路径多元化的条件下,要以社会主义核心价值观统领多样的社会思潮和价值观念,帮助大学生学会在不同价值观中进行鉴别和区分。

"经济全球化"最早是由西方学者特·莱维(Levi)于20世纪80年代中期提出的。托马斯·弗里德曼(Thomas L. Friedman)在其所撰写的畅销书《世界

---

① 《马克思恩格斯选集》(第一卷),人民出版社,2012年,第172~173页。

是平的：一部二十一世纪简史》(*The World Is Flat：A Brief History of the Twenty-first Century*)中，分析了 21 世纪初期全球化的过程，提出"2000 年左右我们进入了一个新的纪元——全球化 3.0"①。经济全球化已经成为世界经济发展的必然趋势。经济全球化如同一把双刃剑，它在推动生产要素在全球的合理配置的同时，也给发展中国家带来了严重的冲击。同时，各种意识形态也通过多种渠道进入国内，对我国的意识形态进行文化输出和思想渗透。这些或明显或隐蔽的西方国家的价值理念、生活方式和政治观点鱼龙混杂，不断对我国的社会主义核心价值观进行着冲击和侵蚀。大学生特有的心理需求和价值观念对多元文化表现出渴求，经济全球化进程从客观现实和主观意图层面都对大学生社会主义核心价值观教育构成了严峻的挑战。因此，在经济全球化进程中，我们在引导大学生充分认识和吸纳一切人类文明有益成果的同时，要高扬主旋律，注重理想信念教育，帮助大学生增强对各种西方社会思潮进行辨析、甄别和抵御的能力。

第二，市场经济负面影响。大学生作为未来参与市场经济的重要群体，同时深受市场化竞争性特征所带来的积极与消极的双重影响。改革开放以来，国内经济领域发生了广泛而深刻的变革，出现了社会阶层、利益诉求、生活方式的多样化，又直接导致了社会阶层分化。市场经济导致一些大学生片面追求物质利益，认为眼前看得见的物质利益才是实在的。市场经济发展过程中所暴露出来的一些弊端对大学生产生了一定的消极影响，市场经济的负面影响给大学生社会主义核心价值观教育机制创新带来了挑战。

第三，移动互联网的冲击。1980 年，美国未来学家阿尔温·托夫勒(Alvin Toffler)在《第三次浪潮》(*The Third Wave*)一书中指出：人类在经历了农业化浪潮、工业化浪潮之后，紧接着要面临的就是第三次浪潮——信息化浪潮。

---

① ［美］托马斯·弗里德曼：《世界是平的：一部二十一世纪简史》，何帆、肖莹莹、郝正非译，湖南科学技术出版社，2006 年，第 9 页。

约翰·奈斯比特(John Naisbitt)在描述人类社会发展的十大变化趋势时指出：
"这些变化中没有一种变化能比第一种变化——从工业社会向信息社会的
转变——更为微妙,也更具有爆炸性。"①社会信息化彻底地改变了人们信息
获取、处理、生产、加工的方式和社会生活的方式。网络虚拟空间打破了人与
人之间在实际生活中的隔阂,大学生也成为社会信息化的主动参与者和有
力推动者。由于一些错误思潮在网络空间甚嚣尘上,西方某些国家力图使网
络成为其实现政治图谋的新工具。如果任凭西方资产阶级的价值观念和有
害信息经由互联网在中国传播与泛滥,就会使大学生网民受到西方价值观
念的错误影响。另外,信息化的发展已无情地打破了大学生社会主义核心价
值观教育原有的权威信息来源地位。大学生在信息占有方面,甚至已经远远
超过了教育者。这无疑大大影响了大学生社会主义核心价值观教育者的话
语权和主导权,这一态势越来越显示出大学生社会主义核心价值观教育机
制创新的紧迫性和必要性。

---

① ［美］约翰·奈斯比特:《大趋势——改变我们生活的十个新方向》,梅艳译,中国社会科学出
版社,1984 年,第 10 页。

第三章　大学生社会主义核心价值观宣传舆论机制创新

对大学生进行社会主义核心价值观教育首先离不开社会主义核心价值观的宣传,要"用社会主义核心价值观凝魂聚力,更好构筑中国精神、中国价值、中国力量,为中国特色社会主义事业提供源源不断的精神动力和道德滋养"①。当今世界正经历百年未有之大变局,新一轮科技革命和产业变革深入发展,数据资源成为新生产要素,信息技术成为新创新高地,信息网络成为新基础设施, 带来新机遇的同时也对大学生社会主义核心价值观宣传舆论机制创新带来了新挑战。高校要研究大学生的思想特点、观念态度和行为方式等,在保证思想性、体现时代性的前提下,通过健全理论研究机制、优化宣传推广机制、完善文化渗透机制,进行校园媒体宣传机制创新;通过健全监测汇集机制、优化分析研判机制、完善应对处理机制,进行校园舆情引导机制创新;通过健全风险防范机制、优化运行管理机制、完善安全维护机制,进行校园网络管理机制创新。以新颖亲切、乐于参与的方式,使社会主义核心

---

① 中共中央宣传部:《习近平总书记系列重要讲话读本》,学习出版社、人民出版社,2016年,第190页。

价值观教育的内容更加生动形象，在潜移默化中使其转化为大学生的价值认同和价值追求。

一、校园媒体宣传机制创新

宣传是一个古老的概念，如在"先主亦以为奇，数令兼宣传军事，指授诸将"（《三国志·蜀志·彭羕传》)中，主要指宣讲传播的意思。现代汉语中，宣传是"一定社会组织运用各种思维方式，传播事实和观点，用以引导、控制人们思想倾向的过程。宣传的目的在于改变人的意见和态度"[①]。"宣传工作是通过传播渠道对意识形态及方针政策进行解释和推广的政治工作。"[②]毛泽东曾指出："一个人只要他对别人讲话，他就是在做宣传工作。"[③]邓小平也说："宣传工作，实际上包括党的整个思想政治工作。"[④]2018年8月，习近平在全国宣传思想工作会议上对做好新形势下宣传思想工作提出了要求，强调要"坚持立德树人、以文化人，建设社会主义精神文明、培育和践行社会主义核心价值观，提高人民思想觉悟、道德水准、文明素养，培养能够担当民族复兴大任的时代新人"[⑤]。大学生社会主义核心价值观教育需要增强校园媒体宣传，增进大学生对社会主义核心价值观的认识和了解。校园媒体宣传机制创新，有效地控制舆论的形成和导向，要健全理论研究机制，优化宣传推广机制，完善文化渗透机制，通过校园媒体的广泛宣传使大学生社会主义核心价值观教育工作落到实处、取得实效。

---

① 刘建明：《宣传舆论学大辞典》，经济日报出版社，1992年，第63页。

② 刘建明：《宣传舆论学大辞典》，经济日报出版社，1992年，第64页。

③ 《毛泽东选集》（第三卷），人民出版社，1991年，第838页。

④ 《邓小平文选》（第二卷），人民出版社，1994年，第363页。

⑤ 《习近平著作选读》（第二卷），人民出版社，2023年，第193~194页。

（一）健全理论研究机制

理论研究主要是通过理论论证、列举材料、总结分析等方法对大学生社会主义核心价值观教育机制创新的内在联系及其规律提出见解。高校宣传社会主义核心价值观，首先就要对这一理论有深刻的理性认识，在此基础之上运用适当的手段和方法进行宣传推广。加深对社会主义核心价值观的认识，就要从高校和大学生自身出发，明确提出研究假设，拓宽资料收集渠道，切实深入分析研究，形成最终研究成果，从而健全理论研究机制，为高校社会主义核心价值观宣传的实践提供学理支持。

第一，明确提出研究假设。研究假设是根据经验事实或科学理论对研究对象所做的推测性判断或假定性设想。社会主义核心价值观的宣传应该是一个科学系统的体系，要在原有理论和实践经验的基础上，用创造性思维建立理论研究假设。在这一过程中或者是实践经验的升华和概括，或者是原有理论的联系或推论，对大学生社会主义核心价值观教育提出研究假设。研究假设不但是一种方向性的有待验证的论断和解释，也能够确定研究的途径和手段，具有科学性和可检验性。关注大学生在成长过程中亟待解决的问题，运用社会学、心理学中的问卷法、访谈法等实证方法进行调研，对大学生的价值取向进行深入了解，全面了解大学生未来职业生涯规划和人际交往活动等基本情况，不断提升大学生的人格、气质和修养等内在品质，由此出发进行的社会主义核心价值观教育自然就少了盲目性、滞后性和抽象性，而多了针对性、长效性和实用性。

第二，拓宽资料收集渠道。资料收集是研究者通过不同的方法从研究对象处获得资料的过程。真实、准确和完整的研究资料是研究结果科学性的基础。高校校园媒体宣传要通过查阅相关资料、进行田野调查和参加社会实践等形式与手段，尽可能全面而丰富地检索收集关于社会主义核心价值观宣传的相关数据等研究资料,并对所占有的资料进行进一步加工和整理,从中发现和运用规律,并以鲜活生动的事例故事打动大学生,提升大学生对其中蕴含社会主义核心价值观的理解和把握。

第三,切实深入分析研究。认识大学生社会主义核心价值观教育机制创新的本质和规律,要在资料搜集的基础上进行细致深入的分析思考和推理判断。通过研究准备、撰拟提纲、形成初稿、修改定稿等步骤,力图以文字的形式充分概括和准确表述大学生社会主义核心价值观教育机制创新这一选题所预期的研究成果,产生创新性的理性认识,进一步得出科学结论。同时要有促进大学生社会主义核心价值观教育机制创新这项研究工作更加严谨、准确和规范的功能。

第四,形成最终研究成果。研究成果一般以研究报告和学术论文的形式来呈现。研究报告是用事实和数据来说明、解释和描述研究工作的结果或进展所形成的书面报告。学术论文是研究者对理论和文献进行新论证,产生新发现和获得新成果的一种理论性文章。健全理论研究机制,需要及时总结推广社会主义核心价值观宣传优秀成果,形成研究报告或发表学术论文,并对大学生社会主义核心价值观宣传的成功经验进行系统分析和归纳总结,实现理论创新与实践创新的良性互动。

综上所述,健全理论研究机制,要明确提出研究假设,拓宽资料收集渠道,切实深入分析研究,形成最终研究成果。要以理论去变革和更新常识,在表述方式上摒弃过于繁琐的逻辑论证,在思想内容上贴近大学生的现实生活,用具体生动的事例和艺术的形式进行宣传。要按照"三贴近"(贴近时代、贴近实际、贴近学生)的要求,调动多种手段营造舆论氛围,特别应注重以新颖的视觉文化和听觉文化吸引大学生,让大学生结合国家、民族、社会的实际发展需要和自己的兴趣爱好确立理想信念,谱写新时代中国特色社会主义更加绚丽的篇章。

（二）优化宣传推广机制

高校校园宣传推广要综合运用传统媒体和新媒体，通过文字、图片、声音、视频等灵活多样的形式，全方位多角度开展大学生社会主义核心价值观教育活动。优化宣传推广机制，要改进宣传活动策划，加强宣传活动推广，促进宣传活动实施，开展社会主义核心价值观的定期宣教、滚动宣传和专题宣讲活动，使社会主义核心价值观的传播日益广泛、深入人心，"形成有利于培育和弘扬社会主义核心价值观的生活情景和社会氛围，使核心价值观的影响像空气一样无所不在、无时不有"①，成为大学生日用而不知的行为准则。

第一，改进宣传活动策划。策划是通过某种形式和途径达到宣传效果的可操作、可实施的计划和方案，其内容包括明确的主题、具体的实施和预定的目标。宣传活动的策划有助于提高大学生社会主义核心价值观教育的效果，也有利于宣传推广工作经验的总结和提高。在高校宣传推广社会主义核心价值观，要有广泛的适用性和鲜明的生动性，主题鲜明、深入浅出，用大学生乐于接受和认可的方式有层次地推进活动的开展，使大学生在宣传活动中潜移默化地受到社会主义核心价值观的熏陶和影响。

第二，加强宣传活动推广。移动互联网和智能手机的迅速发展，使得丰富多样的传播方式交互传播，更加高速迅捷，为高校在任何地点、任何时间进行社会主义核心价值观的宣传推广提供了可能。"要旗帜鲜明坚持正确的政治方向、舆论导向、价值取向。"②社会主义核心价值观的宣传活动推广，就是要通过报纸、广播和电视等传统媒体和网络媒体等新媒体的中介作用，使大学生正确理解和把握社会主义核心价值观，进而增强自信，形成正确的价值认知。这就要求媒体要以社会主义核心价值观作为凝聚舆情的向心力，坚

---

① 《习近平谈治国理政》(第一卷)，外文出版社，2018年，第165页。
② 习近平:《论党的宣传思想工作》，中央文献出版社，2020年，第356页。

持正确导向,壮大主流舆论。

第三,促进宣传活动实施。宣传活动策划和宣传活动推广的宏观把握和积极推进有助于宣传活动的顺利实施。宣传活动实施是一个关键环节,要首先提出可操作的创意想法、有策略的方案细则,也就是经过多次讨论、策划、否定、修改、确认和测试落实每一个环节的具体实施细节。同时,在宣传活动实施执行环节的场地确定、现场布置、人员调度、组织安排等具体实施要责任到人、加强协调、通力合作、密切配合。创新大学生社会主义核心价值观教育机制,要通过微观细节的把握,把社会主义核心价值观落细、落小、落实。

综上所述,优化宣传推广机制,要改进宣传活动策划,加强宣传活动推广,促进宣传活动实施,努力形成多媒介联动和整体合力的优化提升,进而形成多方位、多层次的宣传合力,将宣传教育任务分工、责任分解,及时掌握大学生思想动态,使高校的宣传效率提高,资源得到充分利用。社会主义核心价值观教育的媒体宣传要走进大学生日常话语,贴近实际、贴近生活,积极探索媒体宣传的新形式、新内容、新话语。在话语表现方面实现由经典化向通俗化转变、由抽象化的理论语言向具体化的现实世界转变、由比较单一的文化资源向多元的文化资源转变,以大学生喜闻乐见的方式增强理解、增进认同。

（三）完善文化渗透机制

从一定意义上说,高校的一切活动本身都是教育行为,都要以社会主义核心价值观作为引领。高校中的文化渗透主要体现为管理活动、一般教学以及大学生日常生活中的文化渗透。2016 年 12 月,习近平指出:"做好高校思想政治工作,要因事而化、因时而进、因势而新。"[①]这就要求高校适应时代发

---

① 习近平:《把思想政治工作贯穿教育教学全过程　开创我国高等教育事业发展新局面》,《人民日报》,2016 年 12 月 9 日。

展的要求,完善文化渗透机制,增进理论理解,加强文化传播,强化价值认同,丰富社会主义核心价值观的表达形式和叙述方式,创新传播方法,增加人文关怀,在文化渗透中强化社会主义核心价值观的内容。

第一,增进理论理解。知是行的前提,对社会主义核心价值观的理论理解是进行大学生社会主义核心价值观教育的前提。对社会主义核心价值观进行媒体宣传,既需要大学生通过课堂教学、讲座报告和网站论坛等方式深入分析和解读社会主义核心价值观的科学内涵和重要意义,使抽象深奥的理论变得通俗易懂,从而为大学生更好地理解和把握,同时也需要校园媒体宣传的领导者、教育者、实践者增进对社会主义核心价值观的理论理解,这样才能做好社会主义核心价值观的校园媒体宣传工作。

第二,加强文化传播。将具体学科文化引入高校教育教学活动中,不但能提高教学质量,还能增强大学生的学习兴趣和研究动力,从而提高大学生的自主学习积极性。把基础知识与学科文化有机结合,调动大学生的好奇心和探索欲,让大学生能够更好地吸收基础知识。在高校教育教学实践中要重视文化渗透和文化传播,重视从大学生个体和群体特点出发展开教学,重视环境因素和人文氛围对大学生的影响,将社会主义核心价值观教育渗透到具有独立个性的大学生的思想行为中。

第三,强化价值认同。只有高校领导干部和校园媒体宣传工作者对社会主义核心价值观的高度认同,才能在高校校园媒体宣传的过程中增强感染力和号召力。高校要从学校发展和人才培养的战略高度,把社会主义核心价值观融入高校领导干部和校园媒体宣传工作者的信念、作风、制度和规范中,明确其在高校校园管理工作中的重要职责和应尽义务,理顺管理体制,明确管理职责,提高管理效能,促进管理规范,从而以高度的价值认同开展大学生社会主义核心价值观教育工作。

综上所述,完善文化渗透机制,要增进理论理解,加强文化传播,强化价值认同。高校宣传部门应坚持正确的政治方向，坚决贯彻执行党的理论和路线方针政策，在管理活动、一般教学以及大学生日常生活中发挥好文化渗透和文化传播作用，引导大学生牢固树立社会主义核心价值观。只有坚持正面宣传为主，不断增强意识形态领域主导权和话语权，发展社会主义先进文化，才能够弘扬主旋律，传播正能量。

二、校园舆情引导机制创新

"舆论"一词，源于《左传·僖公二十八年》晋文公听舆人之诵。将"舆论"二字直接连用，始见于《梁书·武帝纪》中"行能臧否，或素定怀抱，或得之舆论"。校园舆情引导机制运用信息采集技术和智能处理技术，通过对网络海量信息的抓取分类和检测聚焦，对校园舆情的反馈互动和衍生发展进行网络舆情监测和分析，然后对大学生做出正确舆论引导。"要加强网上正面宣传，旗帜鲜明坚持正确政治方向、舆论导向、价值取向。"①校园舆情引导机制创新，要健全监测汇集机制、优化分析研判机制、完善应对处理机制，把握大学生思想动态，对校园舆情进行积极引导，唱响网上主旋律，营造清朗的网络空间、建设良好的网络生态。

（一）健全监测汇集机制

舆情监测汇集是运用互联网信息采集和处理技术，对互联网中的海量信息有针对性地进行自动抓取、分类并检测的行为，有利于提高舆情分析研判和应对处理的能力。网络信息发展日新月异，已成为获取信息的重要渠道，但信息来源难以预测，信息内容难辨真伪，网络空间纷繁复杂。"准确、权

---

①　《习近平在全国网络安全和信息化工作会议上强调 敏锐抓住信息化发展历史机遇 自主创新推进网络强国建设》，《光明日报》，2018年4月22日。

威的信息不及时传播,虚假、歪曲的信息就会搞乱人心;积极、正确的思想舆论不发展壮大,消极、错误的言论观点就会肆虐泛滥。"①健全监测汇集机制,要规范舆情监测,拓宽汇集渠道,促进资料整合。应当综合分析大学生中出现的苗头性、倾向性问题,建立每日、每周、每月、每季度的校园舆情汇集的综合性汇集机制,及时、全面了解校园舆情动态,对重大舆情的发生起预警作用,改善技术监测,加强人员监测,落实调研监测,及时掌握校园舆情信息和思想动态。

第一,规范舆情监测。手机和网络的技术结合,使手机的信息传播更加方便和快捷。从特征上看,手机发布信息具有传播启动迅速、信息落点明确、接受贴身方便、内容聚集度高和信息传播双向性强等特点。因此,通过对有关手机传播信息的整理,技术简化海量信息,把握网络舆论传播趋势,也能汇集大量有价值的舆情信息。高校要制定并实行舆论巡查制度,对校园网、贴吧、论坛等平台上的言论和舆情信息进行实时监测跟踪,以便及时掌握其信息内容、时间规律等,定期整理校园舆情,制定舆论收集标准和上报时限,分门别类,及时处理。超出处理范围的,要迅速上报。舆情监测汇集工作具有连续性、不间断性的特点,为了适应迅速、及时的要求,必须建立日常值班机制,安排值班表,明确值班者的责任。

第二,拓宽汇集渠道。调查研究是收集舆情信息的一个重要渠道。通过调研,可以获得第一手的舆情信息,明确高校各个部门要负责的具体范围。因此,民意调研是汇集大学生原始舆情的一个重要渠道,如果使用得当,就会掌握真实、可靠的校园舆情信息,对反映民意、社会监测、辅助决策、引导舆论等发挥重要作用。在舆情监测汇集工作中搜集到的各种舆情信息是开展舆情分析的依据,深入地分析舆情,才能准确把握和顺利引导校园舆情的

---

① 习近平:《论党的宣传思想工作》,中央文献出版社,2020年,第357页。

走向,使大学生通过明辨是非树立社会主义核心价值观。

第三,促进资料整合。结构式或非结构式等方式方法都可以获取资料,通过对不同来源、不同内容的信息资源进行识别与选择,然后通过对高校校园舆情的监测与汇集整合出真实、准确、完整的资料。这些资料既有助于对校园舆情引导时做出准确有效的分析研判,也对高校今后的校园舆情引导工作提供了经验的借鉴或教训的汲取,同时为大学生社会主义核心价值观的宣传提供了有实践经验的信息资料。

综上所述,健全监测汇集机制,要规范舆情监测,拓宽汇集渠道,促进资料整合。高校要全员强化预警意识,加强团队协作。团队协作不仅是必要的,而且是十分关键的。同时,加强校园舆情数据管理,有利于快速高效地提取数据、使用数据,防止数据外泄。通过在高校系统内部以及校际系统中设立固定的舆情信息监测汇集岗位,建立覆盖面广、上下贯通的校园信息网络,形成采集广、效率高、响应快的监测汇集系统,定期不定期监测汇集舆情信息,适时对大学生进行舆情引导。

(二)优化分析研判机制

高校应该高度重视网络舆情监测和分析研判工作,要运用系统科学的程序与方法对监测与搜集到的舆情信息的来源、真伪、类别进行甄别、分析和归纳,去伪存真、删繁就简,提炼并整理出具有全局性、趋势性、指导性、预警性和线索性的信息,弄清楚大学生网民的真实诉求,引导大学生正确判断是非对错。要落实信息资料分类,改善定性定量分析,增强日常即时研判,客观得出结论,以便提高常规性网络舆情、专题性网络舆情、突发事件网络舆情应对处理的针对性和前瞻性。

第一,落实信息资料分类。用来源检验、逻辑检验和常识检验等方法将高校校园舆情信息根据紧急程度和事件类别进行分级和分类,判断校园舆情信息的真实性,以便针对显舆论和潜舆论来分析趋势,把握发展,找到苗头。同时,对高校校园舆情信息资料进行详细记录,动态跟踪后用相对规范的关键词库和指定网站进行分类,准确查找原因,及时核实问题,以便对校园舆情发展趋势做出准确预判。

第二,改善定性定量分析。从传播学与社会心理学的角度出发,从时空角度分析事件之间的关联性,通过对不同时空中舆情特征和发展态势的判别,发现从时空角度关联事件的发展规律及趋势,不断优化分析研判机制。采用科学抽样调查,及时、客观和科学地掌握总体情况,采用一整套客观程序结合定性分析和定量分析,准确把握大学生思想变化的基本特点和客观规律。运用文本分析方法把网络上的校园舆情信息转化为与大学生社会主义核心价值观教育相关的定量数据,对危机传播中的大学生心理进行系统分析,研究网络环境下的校园舆情传播的交流规律和传播方式,提高研究的针对性和有效性。

第三,增强日常即时研判。校园舆情分析和研判工作是一项系统工作,由日常研判与即时研判组成。日常研判要发现倾向性和苗头性的话题,在突发性事件结束后对网络舆情发生发展的特点以及网络舆情运行过程中大学生所表现出来的意识、情绪和态度进行专门化与系统化的研究。相较于日常研判,即时研判是一种紧急的状态,对时效性、指导性和可操作性要求非常之高。即时研判的内容主要是找出特定突发舆情产生的直接导火索,同时对校园舆情形成过程中的大学生意见领袖及网民的代表性意见倾向进行分析。

综上所述,优化分析研判机制,高校要落实信息资料分类,改善定性定量分析,增强日常即时研判。要注意对校园舆情信息的汇集,及时分析校园舆情动态,依靠相关职能部门以及媒体平台准确把握校园舆情的动向趋势、热难点问题和发展规律,准确地做出判断、发出预警。为修正和完善高校校园舆情分析研判机制提供支持帮助,并对校园舆情事件进行归类存档,为日后校园舆情分析研判提供借鉴经验。

(三)完善应对处理机制

高校要完善应对处理机制,在人人都有发布信息的权利和便利的情况下抢先占领舆论引导的主动权,妥善建立并逐步完善高校校园舆情应对处理机制。一旦出现网络突发事件,高校要适时积极妥善回应校园舆情,端正态度、站稳立场、协调一致、直面问题,变被动为主动,把握舆论引导的时、效、度,抓住高校校园舆情的主要矛盾,以真诚态度采取恰当有力措施解决问题,做好危机识别、隔离、控制和处理工作,为大学生社会主义核心价值观教育营造良好的高校校园舆情环境。

第一,促进危机识别。由于网民参与度高、表达自由度大、意见交互便捷,容易在网络空间表达自己的态度和意见时放大非理性情绪。高校面对海量数据和纷繁信息,要充分利用信息化手段,运用校园舆情检测系统来检索有利和不利信息,在准确充分分析研判校园舆情的基础上,对校园舆情信息进行分类和鉴别,开展校园舆情的系统性研究,指定相关部门受理并及时准确地将采取的举措传达给密切关注的大学生网民,对校园舆情发展能够前瞻性地做出反应。促进危机识别,才能有针对性地进行危机处理。

第二,改进危机隔离。危机发生具有连锁效应,在危机识别后,高校要采取措施建立网络防护网,防止危机扩散与蔓延,切忌冷漠、傲慢、推诿。高校突发事件应急处理要遵循相应程序,判断突发事件类型和等级,区分轻重缓急,确定工作先后次序,应对策略得当,应对技巧娴熟、快速反应、果断处理,及时回应夸大的舆论,提高对舆情转折点和峰值点的准确判断,协调高校内各职能部门启动应急预案,保障各种资源的有力支持和迅速到位,使网络舆情中非理性情绪的扩散得到抑制,保障舆论危机的平稳过渡。

第三,加强危机控制。加强危机控制就需要高校危机管理者通过监督、监察等活动,分析事件的起因和源头、事态发展过程中整体的趋势,以及善后处理的成效和满意度,从而为更好地进行大学生社会主义核心价值观教育提供依据。除了对受害人给予经济补偿、情感安慰和心理疏导以外,还要对造成严重后果的突发事件发起者予以相应处罚,同时对于被动的参与者进行思想上的引导教育,多管齐下才能增强警示和教育作用。

第四,改善危机处理。危机处理是高校运用网络技术全方位、动态地有效传播和收集信息,建立起完备的危机紧急处理系统,掌握危机的趋势与结构,用公共关系的策略和方法来处理危机的方法。为减少网络舆论中的负面情绪,高校要建立完善的网络监督制度,学会用媒体来引导舆论,妥善处理校园舆情危机。高校领导干部要提高媒体素养,转变传统的管理思想和理念,主动与媒体对话,以合适的话语体系和表达方式同大学生进行良好的沟通,处理方式要有系统性、有效性和连续性。

综上所述,完善应对处理机制,要促进危机识别,改进危机隔离,加强危机控制,改善危机处理,通过利用高校网络资源引导网络舆论向积极的方向发展。高校要掌握权威话语权和引导主动权,讲究发布策略与平台选择,重视危机预防和准备工作,制定完备的应对处理危机预案,理顺危机应对处理流程,保持沟通协作的通畅,总结危机应对处理的经验教训,研究把握、消除、化解危机事件的规律,创新高校校园舆情引导机制。

三、校园网络管理机制创新

大学生社会主义核心价值观教育有其自身运行的特殊规律,要善于用先进技术培育社会主义核心价值观。根据中国互联网络信息中心的报告,

"截至 2022 年 12 月,我国网民规模达 10.67 亿"①。网络已经与大学生的校园生活融为一体,以其独特的技术特点丰富和拓展了大学生社会主义核心价值观教育的载体和手段。2018 年 4 月,习近平在全国网络安全和信息化工作会议上就强调,要"深入开展理想信念教育,深化新时代中国特色社会主义和中国梦宣传教育,积极培育和践行社会主义核心价值观,推进网上宣传理念、内容、形式、方法、手段等创新,把握好时度效,构建网上网下同心圆,更好凝聚社会共识"②。网络内容的丰富性与多元性、网络传播的即时性与便捷性、网络的虚拟性和去中心化等特点,丰富了社会主义核心价值观教育方法手段的同时也带来了冲击和挑战。我们要"依法加强网络空间治理,加强网络内容建设,做强网上正面宣传,培育积极健康、向上向善的网络文化,用社会主义核心价值观和人类优秀文明成果滋养人心、滋养社会,做到正能量充沛、主旋律高昂,为广大网民特别是青少年营造一个风清气正的网络空间"③。互联网的迅猛发展,使信息化成为新治理手段,网络安全成为新安全挑战,高校要通过健全风险防范机制、优化运行管理机制和完善安全维护机制等方式来创新校园网络管理机制,适应互联网快速发展形势,科学认识网络传播规律,增强宣传主动性、掌握话语主动权,坚持守底和有为的统一,将理论灌输转化为大学生的自觉践行。

（一）健全风险防范机制

风险防范机制就是为消除或减少风险而制定的策略、计划和方案。网络文化是一个开放的系统,健全风险防范机制,要促进风险查找,加强风险预警,落实风险处置,整治校园周边网络环境,创造条件成立校园网络环境治

---

① 中国互联网络信息中心:《第 51 次中国互联网络发展状况统计报告》,2023 年,第 1 页。

② 习近平:《论党的宣传思想工作》,中央文献出版社,2020 年,第 301 页。

③ 《习近平著作选读》(第一卷),人民出版社,2023 年,第 473 页。

理领导小组,注重加强校园网的软硬件建设,改善校园网络基础设施,实现网络进课堂、宿舍、图书馆、办公室,加大物质投入,推动技术升级。通过转变管理观念来主动为大学生提供服务,邀请专家学者就大学生关心的社会热点焦点开展网上专题讲座和在线咨询,以便答疑解惑、交流互动。这样不仅能大课堂教学的范围,还能以丰富多样的课程教育形式来吸引大学生积极参与网上社会主义核心价值观教育主题活动。

第一,促进风险查找。构建高校校园网络舆情风险点信息采集、审核、报送机制,科学合理地进行风险分类和等级管控。在信息采集、分级分类的基础上,制定高校校园网络舆情风险点分布和管理等风险管控数据清单,有效监控大学生网上召集、落地聚集的群体性行为。促进对关键环节和重点部位的高校校园网络舆情风险进行排查,对苗头性、倾句性校园网络舆情风险进行有效控制,防患于未然,坚决维护好网络意识形态安全。

第二,加强风险预警。由于互联网本身具有虚拟性、匿名性、即时性、交互性和无界性等特点,从根本上改变了传播者与受众之间的关系。由于信息传播者的真实身份被淡化,公共话语权分散,意识形态主客体的界限愈发模糊,为大学生社会主义核心价值观教育工作带来了风险挑战。在进行高校校园网络舆情风险查找的基础上,要充分运用先进信息技术手段,加强预测预警,将安全风险预警由高到低进行预警分级,建立高校校园网络安全风险公告制度,及时发布高校校园舆情预警信息,健全具有可靠性和科学性的应急预警预案机制,做好应对准备。

第三,落实风险处置。要健全高校校园网络管理制度,加强对大学生正确使用网络工具的监管力度,规范和约束大学生的上网行为,提高大学生网络道德自律和遵纪守法的行为意识,促进健康网络交往,培养良好的网络使用习惯。高校面对网络信息技术的日益发展和网络安全需求的日益提高,要保障高校网络系统安全稳定运行,强化对网络信息的运行管理和实时监控,加强对网络当中正面信息的积极引导,对负面信息的实时过滤,有效建构能够屏蔽不良信息的高校网络安全防火墙系统。

综上所述,健全风险防范机制,要促进风险排查,加强风险预警,落实风险处置,深入思考外部环境变化给高校校园网络管理所带来的挑战,确保高校校园网络运行有序规范,营造大学生社会主义核心价值观教育的良好网络环境,用社会主义核心价值观滋养人心,用优质健康的网络作品温暖人心,用积极向上的网络文化凝聚人心,打破大学生社会主义核心价值观内化困阻。同时,高校应该结合互联网法律法规,增加大学生行为保护、引导和管控等内容,制定高校校园网络管理的目标要求、制度措施、奖惩标准,使高校校园网络管理有法可依、有章可循。

(二)优化运行管理机制

高校要成立党委领导、各职能部门通力合作的专职管理机构,提高网络驾驭水平,发布权威信息,批驳错误言论,以促进高校校园网络队伍培养和网络行为引导工作。在加强顶层设计的同时,还要加强运行管理的组织和控制,将运行管理过程变得清晰、简洁、标准化,使运行管理的各环节紧密连接并能自动化运转,经过不断检验和校正达到最佳状态。优化运行管理机制,要促进网络安全运行,加强网络监督管理,改善管理决策思维,通过提升运行管理的设计、组织、控制等环节倡导良好的校园网络行为文化。

第一,促进网络安全运行。高校校园网络由众多接入、汇聚和安全设备组成,要精心调整和正确配置网络设备,以保证设备正常通畅运行。高校校园网络运行过程中可能会出现部分用户网络访问不正常和掉线频繁等问题,要正确引导大学生用正确方法访问高校校园网,也要考虑到可能存在的错误操作和意外情况,提前做好应对准备,让合法用户充分利用高校校园网络资源,禁止或限制访问非法用户。

第二，加强网络监督管理。高校要利用新媒体技术提高对校园网络舆情的监测能力，增强监控力量，提出舆情引导策略和措施，定期形成网络舆情报告。另外，要充分发挥大学生网络意见领袖作用。代表正确舆论方向的大学生网络意见领袖可以凭借其网络公信力、权威性，及时发布正能量的声音，从而发挥正面引导作用。大学生网络意见领袖是自发产生的，但也可以通过积极培养而壮大数量，提升素质。对已经得到大学生公认的意见领袖，高校要积极开展沟通交流，提高他们的认识水平，帮助大学生网络意见领袖更加积极正面地看待问题，发表不偏激、富有建设性的言论，使其始终坚持正确政治方向、舆论导向、价值取向，共同营造文明网络氛围，切实维护网络意识形态安全。

第三，改善管理决策思维。高校校园网络管理，要从全局的角度进行统筹规划和顶层设计，以集中有效资源实现大学生社会主义核心价值观教育的目标。通过使大学生自组织纳入党团组织管理视线和范围，对大学生自组织的日常安排和各项活动进行有效的覆盖，发挥大学生的自主性，有针对性地培养一批具有高素质、高水平的网络文化管理队伍，改善管理决策思维，实现科学管理和科学决策。

综上所述，优化运行管理机制，要促进网络安全运行，加强网络监督管理，改善管理决策思维，善于运用先进技术，遵循大学生社会主义核心价值观教育的规律，保证社会主义核心价值观教育工作与时代接轨，与大学生特点相结合。同时，从高校各部门、各学院中选取具有较高思想政治理论水平和教学能力的专家、教师组成高校网络教师队伍，保证社会主义核心价值观内容传播的准确性与科学性。

（三）完善安全维护机制

2018年4月，习近平在全国网络安全和信息化工作会议上强调："没有网络安全就没有国家安全。"①当前世界范围内的网络安全威胁和风险日益突出,面对复杂严峻的网络安全形势,要完善高校网络安全维护机制,加强信息安全检查,改进数据备份管理,增强病毒防范工作,落实应急准备工作。充分重视系统安全的重要意义,确立安全管理制度的首要地位,加强高校网络安全技术创新,不断提高系统备份级别,增强系统稳定性系数,坚决阻止外界对高校网络系统的非法访问。

第一,加强信息安全检查。通过网络技术,高校更能清楚地掌握大学生的思想脉搏,引导大学生提高网络自律,教育和规范大学生的网络行为,形成正确健康的价值尺度。高校要对所有进入的信息链接进行强制性的过滤筛查,坚决把那些有毒、有害的信息链接阻挡在防护网之外,并及时调用先进的网络技术将各种信息流置于监控之中,及时清理和遏制阻碍大学生社会主义核心价值观建立的不良信息,对于危害网络环境的行为进行严厉的制裁。

第二,改进数据备份管理。高校网络系统一旦受到病毒入侵或是黑客进入等冲击,如果仅采用硬件备份的方式方法,只能避免由硬件故障的原因所导致的数据丢失,但对误操作或病毒造成的数据损坏则无能为力。改进数据备份管理,就是在实施严密的防范措施的同时结合网络备份,建立重要数据的定期备份机制,制定重要数据恢复计划并定期进行测试,及时并尽可能完整地恢复被破坏的存储数据,切实增强高校校园网络的安全性。

第三,增强病毒防范工作。计算机病毒大多利用计算机操作系统的弱点进行攻击感染和繁殖传播,具有潜伏性、繁殖性、传染性、隐蔽性和破坏性。高校应在学校官网或师生群中发布网络安全预警通告,增强病毒防范工作,对安全隐患进行排查,预防系统瘫痪和信息中断等病毒攻击产生的不良后

---

① 《习近平在全国网络安全和信息化工作会议上强调　敏锐抓住信息化发展历史机遇　自主创新推进网络强国建设》,《光明日报》,2018 年 4 月 22 日。

果,提高系统安全性,定期升级杀毒软件,经常对重要数据进行备份,结合实际情况及时安装补丁或升级系统。

第四,落实应急准备工作。实现高校校园网络舆论管理,落实应急准备工作,明确预防及处置方法,要增强网络技术手段应用,如对 IP 地址的监测和跟踪,对高校论坛发帖的全天候值班监测,清除负面消息并延时审查发布,对敏感词组进行自动过滤等。应急准备工作充分有效,高校校园网络安全维护才能真正实现,风清气正的高校校园网络环境才能营造大学生社会主义核心价值观教育的良好网络空间。

综上所述,完善安全维护机制,要加强信息安全检查,改进数据备份管理,增强病毒防范工作,落实应急准备工作,全面加强网络安全保障体系和能力建设,深入落实网络安全工作责任制。网络空间是开放的而不是封闭的,要有针对性地运用生动丰富的媒体信息解决社会主义核心价值观构建过程中大学生存在的思想疑虑和现实困惑,尊重大学生在价值观念上的差异性和多样性,因势利导,顺势而为,应势而变,进而熏陶和影响大学生的价值取向、精神状态和思想观念。

第四章　大学生社会主义核心价值观课堂教学机制创新

社会主义核心价值观教育是高等教育的重要组成部分，要用社会主义核心价值观引领大学生成长成才。大学生社会主义核心价值观课堂教学机制创新，要通过健全思政课程规范机制、优化教学方法创新机制、完善教师队伍建设机制进行思政课程教育机制创新；通过健全外部环境熏陶机制、优化内在体验感悟机制、完善自我反思省察机制进行人文课程教育机制创新；通过健全教育资源挖掘机制、优化教学环节融入机制、完善素质教育实施机制进行专业课程教育机制创新。要充分发掘各学科教育资源，促进社会主义核心价值观融入高校思想政治理论课、人文课程、专业课程等构成的教育教学体系。

一、思政课程教育机制创新

2004 年 10 月，中共中央、国务院在《关于进一步加强和改进大学生思想政治教育的意见》中提出："高等学校思想政治理论课是大学生思想政治教育的主渠道。思想政治理论课是大学生的必修课,是帮助大学生树立正确世界观、人生观、价值观的重要途径,体现了社会主义大学的本质要求。"①2019年3月,习近平主持召开学校思想政治理论课教师座谈会并发表重要讲话,强调推动思想政治理论课改革创新"要坚持价值性和知识性相统一。思政课重在塑造学生的价值观,这一点必须牢牢抓住。强调思政课的价值性,不是要忽视知识性,而是要通过满足学生对知识的渴求加强价值观教育。只有空洞的价值观说教,没有科学的知识作支撑,价值观教育的效果也会大打折扣。……知识是载体,价值是目的,要寓价值观引导于知识传授之中"②。高校思想政治理论课是大学生社会主义核心价值观教育的主干渠道和核心课程,创新思政课程教育机制,要健全思政课程规范机制,优化教学方法创新机制,完善教师队伍建设机制,将社会主义核心价值观融入高校思政课教育教学全过程。

（一）健全思政课程规范机制

高校思想政治理论课对培养大学生形成正确的价值观具有重要作用,思政课的课程性质、学科体系、教学内容、考核标准等,是社会主义办学方向的根本体现,是党的政治建设在教育领域的具体化。所以高校应当加大规范思政课的力度,明晰教学目标,落实课程标准,完善实施细则。"课程是教育思想、教育目标和教育内容的主要载体,集中体现国家意志和社会主义核心价值观,是学校教育教学活动的基本依据,直接影响人才培养质量。"③高校

---

① 教育部思想政治工作司组编:《加强和改进大学生思想政治教育重要文献选编(1978—2014)》,知识产权出版社,2015年,第266页。

② 《中华人民共和国学校思想政治理论课重要文献选编》(下册),人民出版社,2022年,第1593页。

③ 教育部思想政治工作司组编:《加强和改进大学生思想政治教育重要文献选编(1978—2014)》,知识产权出版社,2015年,第674页。

思想政治理论课教育内容上要重点突出社会主义核心价值观教育，将核心内容贯穿于各个教学环节。"办好思政课，就是要开展马克思主义理论教育，用新时代中国特色社会主义思想铸魂育人，引导学生增强中国特色社会主义道路自信、理论自信、制度自信、文化自信，厚植爱国主义情怀，把爱国情、强国志、报国行自觉融入坚持和发展中国特色社会主义、建设社会主义现代化强国、实现中华民族伟大复兴的奋斗之中。"①高校思想政治理论课"05方案"科学综合了"98方案""两课"的基本内涵，完整构建了一个结构合理、功能互补的高校思想政治理论课的课程体系。

第一，明晰教学目标。培养什么人、怎样培养人、为谁培养人是教育的根本问题。"我们建设教育强国的目的，就是培养一代又一代德智体美劳全面发展的社会主义建设者和接班人，培养一代又一代在社会主义现代化建设中可堪大用、能担重任的栋梁之才，确保党的事业和社会主义现代化强国建设后继有人。"②在课程目标方面，强调在大、中、小学循序渐进、螺旋上升地开设思政课。"大学阶段重在增强使命担当，引导学生矢志不渝听党话跟党走，争做社会主义合格建设者和可靠接班人。"③推动思政课建设内涵式发展，"针对不同学段，根据思想政治理论教育规律和学生成长规律科学设置具体教学目标，抓好教学目标设计、课程设置、教材编写、教学改革、教师培养、考核评价等环节，既不能揠苗助长、操之过急，又不能刻舟求剑、故步自封"④。在高校思想政治理论课的课程设置中，不同科目都有对社会主义核心价值观的阐发，不同角度对社会主义核心价值观进行了解读。不同科目的教

①　习近平：《思政课是落实立德树人根本任务的关键课程》，人民出版社，2020年，第6~7页。

②　《习近平在中共中央政治局第五次集体学习时强调 加快建设教育强国 为中华民族伟大复兴提供有力支撑》，《人民日报》，2023年5月30日。

③　《中华人民共和国学校思想政治理论课重要文献选编》（下册），人民出版社，2022年，第1530页。

④　习近平：《思政课是落实立德树人根本任务的关键课程》，人民出版社，2020年，第27页。

学目标不同，不同科目中的社会主义核心价值观教育也要结合科目特点多角度、全方位地加深大学生的理解和认识。

第二，落实课程标准。高校思想政治理论课课程标准是进行思政课课堂教学工作和衡量高校教师教学质量的基本依据，是国家制定的指导学科教学的指导性和纲领性文件。落实课程标准有利于规范组织管理、教学管理、队伍管理和学科建设，将国家认同、文化自信等思想政治教育导向有机地融合在课程框架中，以潜移默化、春风化雨的方式，实现知识传授、能力培养与价值引领的有机统一。当前，高校思想政治理论课的课程标准脉络更清晰，目标更明确，评价更科学，高校要严格依照课程标准的规定进行思政课教学，加强顶层设计和系统谋划，着力建设知识结构完备、方式方法先进的教学体系，建设集思想性、科学性和时代性于一体的教材体系，坚持社会主义办学方向，落实立德树人根本任务，做好教学体系、教材体系、学科体系、管理体系的协同构建，充分发挥思政课灵魂课程作用，引导大学生筑牢信仰之基、补足精神之钙、把稳思想之舵。

第三，完善实施细则。必须坚持马克思主义价值观和认识论，对高校思想政治理论课的规范评价力求做到实事求是，不仅要注重科学性，更要注意评价的可行性，以知信行合一为导向提升思政课亲和力和有效性。同时，把注重大学生的个性化发展，促进大学生素质的提高，促使大学生获得最大发展作为重要的出发点和落脚点。在简单易行、便于操作、公平公正的原则下完善实施细则，积极探索，不断改进，形成一套科学、合理、有效的高校思想政治理论课课堂教学质量考核评价体系。

综上所述，健全思政课程规范机制，要明晰教学目标，落实课程标准，完善实施细则，系统讲授马克思主义的基本知识，讲清高校思想政治理论课课程的基本知识点及其相互间的逻辑联系，加强教学内容拓展研究、教学方法创新研究。可以说，高校思想政治理论课课程体系的内容结构与社会主义核心价值观的内容结构是一致的。无论思政课中显性的还是隐性的社会主义核心价值观教育内容，都需要在知识点理解和讲解准确的基础上去提高教育效果。

（二）优化教学方法创新机制

方法，是人们为达到预先设定的目标而采用的手段和方式。毛泽东指出："我们的任务是过河，但是没有桥或没有船就不能过。不解决桥或船的问题，过河就是一句空话。不解决方法问题，任务也只是瞎说一顿。"[①]增强大学生社会主义核心价值观教育的吸引力要整合教学方法，加强教学研讨，拓展教学空间，改变传统的灌输式教育。灌输是马克思主义理论教育的基本方法。"让学生接受马克思主义，离不开必要的灌输，但这不等于搞填鸭式的'硬灌输'。要注重启发式教育，引导学生发现问题、分析问题、思考问题，在不断启发中让学生水到渠成得出结论。"[②]可以将素质拓展的室内活动、团体沙盘心理技术和历奇体验式教育等教育方法和手段与思政课课堂教学相结合，以体验式课堂教学的方式让大学生在精心设计的体验式课堂活动中，通过实践层面的亲历和心理层面的亲历理解社会主义核心价值观的内涵，并将这种体验和思考外化为社会主义核心价值观的自觉践行，从而创新思政课教学方法。

第一，整合教学方法。大学生社会主义核心价值观教育在于引导学生、启发学生，进而促使大学生形成正确的思想观念，增强对社会主义核心价值观的认知认同。所以，高校教学方法应该向互动启发式教学进行转变。在高校思想政治理论课中可以使用分组讨论、主题演讲、案例分析、双向提问、创设情境、角色扮演、主题发言、社会实践调查、课堂诗词朗诵等互动启发式创新教学方法。要真正尊重大学生的主体地位，充分注重教学内容与大学生学

---

① 《毛泽东选集》（第一卷），人民出版社，1991 年，第 139 页。

② 《中华人民共和国学校思想政治理论课重要文献选编》（下册），人民出版社，2022 年，第 1595 页。

习生活和接受能力等主体性特点相契合。在传统的思政课教学思维中,教师讲授的内容具有绝对权威,许多理论问题不容学生质疑,教学方式必须以灌输说教为主。这样一种思维定式实际上不利于大学生发挥主体性作用,是对大学生认识事物和分析事物的能力的不信任。而问题研讨式教学以问题为中心完成相关教学内容,突出了教学的主体性和互动性,有助于大学生在探究中厘清理论认识,在讨论中解决深层次问题,在论辩中形成对社会主义核心价值观的正确认识。

第二,加强教学研讨。教学研讨是促进教师发展、提升教学质量的重要手段。"思政课教学是一项非常有创造性的工作,要学会辩证唯物主义和历史唯物主义,善于运用创新思维、辩证思维,善于运用矛盾分析方法抓住关键、找准重点、阐明规律,创新课堂教学,给学生深刻的学习体验。"①当前,教学研讨仍存在内容单一、主题缺乏、讨论浅显等问题,教师参与积极性不高,教学研讨活动效果不强。教学研讨更要有计划、有准备、有总结、有评比,才能实现教师交流讨论、展现学识才华的功能。加强教学研讨,使教师在交流中互鉴并产生观点的碰撞,提升混合式、翻转教学、任务驱动、项目学习、在线教学等多种教学场景的教学水平,善于采用互动启发式、问题研讨式、开放合作式、情境体验式等方法,提高教学效率,辅助教学改革,激发教学创新,从而实现不同教学方法的综合运用。不断增强思政课的思想性、理论性和亲和力、针对性,"坚持政治性和学理性相统一、价值性和知识性相统一、建设性和批判性相统一、理论性和实践性相统一、统一性和多样性相统一、主导性和主体性相统一、灌输性和启发性相统一、显性教育和隐性教育相统一"②。

---

① 习近平:《思政课是落实立德树人根本任务的关键课程》,人民出版社,2020年,第14页。
② 《中华人民共和国学校思想政治理论课重要文献选编》(下册),人民出版社,2022年,第1505页。

第三,拓展教学空间。思政课教学空间的拓展不应局限于高校和课堂,应向社会进行延伸,通过社会实践等活动,提高大学生对社会主义核心价值观的理解和感悟,加强思政课与大学生学习生活的联系。目前,很多高校都开展了体验式培训等活动,取得了很好的效果,但有时不针对全体学生,还需要扩大影响力,拓展教学空间,让思政课在最长久的学业陪伴中引导大学生坚定对马克思主义的信仰、对中国特色社会主义的信念、对实现中华民族伟大复兴中国梦的信心。高校思政课教师应着眼于国家社会发展大势和大学生不同专业的特点,灵活增加能够培养大学生创新思维的实践性内容,提高大学生对社会主义核心价值观的认同度。

综上所述,优化教学方法创新机制,要整合教学方法,加强教学研讨,拓展教学空间,将课堂讲授法、启发式教学法、参与式教学法、探究式教学法、专题式教学法、案例教学法、实践教学法、多媒体教学法、体验式教学法、心理学方法、艺术化方法、课堂讨论法、尝试教学法、发现教学法、情境教学法、程序教学法等一系列行之有效的教学方法加以灵活运用,相互借鉴、相互补充、相互贯通,构建一套灵活多变、丰富多彩、形式多样的高校思想政治理论课教育教学方法体系。

(三)完善教师队伍建设机制

办好高校思想政治理论课关键在教师,要"把社会主义核心价值观纳入教师教育课程体系,融入教师职前培养和准入、职后培训和管理的全过程"[①]。习近平为新时代思政课教师提出了"政治要强、情怀要深、思维要新、视野要广、自律要严、人格要正"的总要求。为建设一支专职为主、专兼结合、数量充足、素质优良的高校思政课教师队伍,教育部印发了《普通高等学校思想政

---

① 教育部思想政治工作司组编:《加强和改进大学生思想政治教育重要文献选编(1978—2014)》,知识产权出版社,2015 年,第 676 页。

治理论课教师队伍培养规划(2019—2023 年)》,通过专题理论轮训计划、示范培训计划、项目资助计划和宣传推广计划配齐建强思政课教师队伍。2020 年 10 月,党的十九届五中全会通过的《中共中央关于制定国民经济和社会发展第十四个五年规划和二〇三五年远景目标的建议》明确提出:"全面贯彻党的教育方针,坚持立德树人,加强师德师风建设,培养德智体美劳全面发展的社会主义建设者和接班人。"①完善教师队伍建设机制,要严把准入关,狠抓培训关,规范考核关,将从严管理和科学治理相结合,建立党委统一领导、党政齐抓共管、有关部门各负其责、全社会协同配合的工作格局,加强高校思政课教师队伍建设,推动高校思政课建设内涵式发展。

第一,严把准入关。思政课教师队伍建设是做好大学生社会主义核心价值观教育的重要环节和关键步骤。"在事关政治原则、政治立场和政治方向问题上不能与党中央保持一致的,不得从事思想政治理论课教学。"②由于思政课教师队伍责任重大,高校在引进思政课教师的时候,就要对其专业素养、道德品质和政治立场进行深入了解和严格审查,确保思政课教师具备和思政课工作相匹配的政治素养、职业能力和心理素质,稳步提升思政课教师队伍规模和素质,充分发挥思政课教师对大学生社会主义核心价值观教育的示范引领作用。

第二,狠抓培训关。"水之积也不厚,则其负大舟也无力。"上好思政课,要坚持教育者先受教育,教育者自身首先要增强理论功底、业务能力与人格魅力。提高思政课教师的理论素养和专业技能,加强队伍建设,可以通过岗前培训使新教师迅速成长并提高认识, 也可以通过在职研修和进修考察等

---

① 《中共中央关于制定国民经济和社会发展第十四个五年规划和二〇三五年远景目标的建议》,《人民日报》,2020 年 11 月 4 日。

② 教育部思想政治工作司组编:《加强和改进大学生思想政治教育重要文献选编(1978—2014)》,知识产权出版社,2015 年,第 375 页。

方式提高思政课教师的思想境界和理论水平,为思政课教师提升教学技能、拓展职业发展渠道打造平台,引导和帮助思政课教师提高内在素质,不断提升业务能力和教育教学质量。对马克思主义的信仰、对中国特色社会主义的信念、对中华民族伟大复兴中国梦的信心,只有首先在思政课教师心中扎下根,才能在学生心中开花结果。将社会主义核心价值观融入思政课课堂教学全过程,使思政课教师充分发挥高校思想政治理论课在大学生社会主义核心价值观教育中的重要作用,不断贴近学生思想实际,结合学生兴趣点和接受习惯,积极探索和创新教育方式、人才培养模式,增进话语共通、思想共识、心灵共振,真正做到思学生之所想,答学生之所疑,解学生之所惑,提高思政课课堂教学实效。同时,还可以通过专家讲座和学术交流等方式开阔思政课教师的知识视野、国际视野和历史视野,丰富思政课课堂教学内容。

第三,规范考核关。思政课教育工作者的言传身教对于提高大学生社会主义核心价值观教育效果举足轻重。思政课教师只有自己真懂真学真信真用,才能用理论语言讲好思政课。要制定规范的量化打分考核体系,坚持重实绩、讲实效的原则,对思政课教师的教学态度、教学实绩和教学水平等课堂教学工作的全过程进行考核,"考核结果要与教师的职务聘任、晋级、奖惩等挂钩"[1]。实施师德师风建设工程,引导思政课教师学为人师、行为世范,考核完毕及时表彰先进典型,加大培养和激励工作力度,提高对优秀人才的吸引力。同时,实行不合格思政课教师退出机制。

综上所述,完善教师队伍建设机制,要严把准入关,狠抓培训关,规范考核关,建设一支政治强、情怀深、思维新、视野广、自律严、人格正的思政课教师队伍,充分发挥思政课教师的积极性、主动性和创造性,使思政课教师成为大学生思想成长的陪伴者、观察者和引导者。高校思政课教师在坚定马克

---

① 教育部思想政治工作司组编:《加强和改进大学生思想政治教育重要文献选编(1978—2014)》,知识产权出版社,2015 年,第 376 页。

思主义信仰和共产主义远大理想的同时，可以以更加生动灵活的方式提高马克思主义理论的感染力和影响力，使得高校思政课课堂讲授既有学理分析，又有思想引领，既引人深思，又答疑解惑，言传身教地向大学生传递和示范社会主义核心价值观。

二、人文课程教育机制创新

"人文"一词早在《易经·贲卦》里就出现了："刚柔交错，天文也。文明以止，人文也。观乎天文，以察时变。观乎人文，以化成天下。"人文是人对自身反思的结果。人文素质包括做人应具备的学识积累和应用知识的能力等内在品质。人文素质教育将人类优秀文化成果内化为受教育者内在的相对稳定的品质，提高人文素质也是大学生认识和理解社会主义核心价值观的前提，要通过导向正确、内容生动、形式多样的人文课程，引导大学生矢志追求更有高度、更有境界、更有品位的人生。高校要抓住大学生价值观形成和确立的关键时期，引导他们强化责任意识、奉献意识，勇于担当时代赋予的神圣使命，锤炼过硬本领。"要化解人与自然、人与人、人与社会的各种矛盾，必须依靠文化的熏陶、教化、激励作用，发挥先进文化的凝聚、润滑、整合作用。"①创新人文课程教育机制，要健全外部环境熏陶机制，优化内在体验感悟机制，完善自我反思省察机制，深入挖掘人文课程中蕴含的社会主义核心价值观教育资源，提升大学生思想道德素质和人文素养。

（一）健全外部环境熏陶机制

熏陶用来比喻通过环境和风气的影响来进行教育，环境对人文素质的

---

① 习近平：《之江新语》，浙江人民出版社，2007年，第149页。

培养具有十分重要的作用。"今夫人民善教其子弟者,亦必延名德之士,使与之处,以熏陶成性。"(《宋史·陈颐传》)高等学校文化素质教育工作已经从"第二课堂"为主拓展到开设人文素质教育必修课和选修课的"第一课堂",在传授知识的基础上,更加注重大学生人文素养和科学素质的养成和提高。熏陶机制的作用过程是在潜移默化中进行的,要提高环境影响的新鲜度,扩大环境影响的密集度,强化环境影响的力度,增添人文气息,强化人文情怀,帮助大学生在提升人文素养的同时构建社会主义核心价值观。

第一,提高环境影响的新鲜度。提高环境影响的新鲜度就是适时地以新的兴奋点对受教育者实施刺激,避免引发教育过程中大学生的心理疲劳和厌倦情绪。包含丰富的文学、悠久的历史、深邃的哲学思想的人文精神与社会主义核心价值观的精神相通。可以通过人文课程教育内容和不断变化的教学形式潜移默化地对受教育者实施刺激,同当今中国最鲜明的时代主题相适应,增强社会主义核心价值观的影响力和感召力。

第二,扩大环境影响的密集度。扩大环境影响的密集度就是使大学生在人文课程中持续不间断地受到人文知识的辐射与影响,从中华优秀传统文化中汲取丰富营养,深刻体会包含着爱国情感和民族精神在内的人文精神,从而达到理想的社会主义核心价值观教育效果。这些人文精神的传递,有很多关键词与社会主义核心价值观的内涵有异曲同工之妙,可以在课堂教学过程中旁征博引、吸收借鉴。例如,古今中外关于爱国情感的抒发和表达,很容易在密集传递的信息中使大学生产生共鸣。

第三,强化环境影响的力度。大学生在吸收各种人文环境提供的影响时,首先会以无意注意的结果进行吸收和储存,当环境影响的力度不断加强,社会主义核心价值观的影响加大后,无意注意慢慢会转变为有意注意,从而增进大学生对社会主义核心价值观的认知认同。加大社会主义核心价值观教育环境影响的力度,让人文课程中的社会主义核心价值观教育资源鲜活起来、生动起来、丰富起来，在以内容为王、讲授为主的课堂教学活动中，促进大学生对社会主义核心价值观的自觉践行。

综上所述，健全外部环境熏陶机制，要借助人文教育和人文精神的培养，要提高环境影响的新鲜度，扩大环境影响的密集度，强化环境影响的力度，在坚持显性课堂教学系统性、明确性的基础上增进人文环境熏陶，通过教师的人格魅力与和谐的师生关系，使整个教学氛围轻松、和谐、自然，引导大学生在理性与感性的交汇中接受社会主义核心价值观教育。将中华优秀传统文化和世界有益文明成果进行创造性转化和创新性发展，在批判继承和鉴别取舍的基础上，使这些人类优秀文化成果成为大学生社会主义核心价值观教育的丰富资源。

（二）优化内在体验感悟机制

体，即体察，体味；悟，即领悟，悟性。体悟是由具体事物的表象到抽象的哲理或规律的思维方式。"子在川上曰：逝者如斯夫。"（《论语·子罕》）"前不见古人，后不见来者。念天地之悠悠，独怆然而涕下。"（《登幽州台歌》）都是这种思维方式运用的写照。作为人文教育的方式，体悟的主体是受教育者，传授的主体是教育者；体悟的对象是具体的人物、事件和现象，传授的对象是抽象的概念、判断和原理；体悟的过程是由具体到抽象，传授的过程是由抽象到具体。优化内在体验感悟机制，要增强大学生感受能力，促进大学生联想能力，提高大学生思辨能力，使大学生深刻认识到社会主义核心价值观的先进性、人民性和真实性。

第一，增强大学生感受能力。大学生要感受人文精神的精髓才能真正理解核心价值观传递的内容，而很多体现人文精神的现象是理论语言所不足以表达的，也就是只可意会不可言传的，所以就不可能离开主体自身即大学生的感受。教育是心灵与心灵的沟通，灵魂与灵魂的交融，人格与人格的对话。增强大学生的感受能力,让大学生在接触人文课程中的社会主义核心价值观教育要素时调动全部感官,立体的、全方位地接受要素对象的刺激,有利于增强大学生的是非观念和价值判断。

第二,促进大学生联想能力。人文课程中的很多内容都是穿越时空的,有历史,有现实,有未来,很多甚至很难在现实生活中体验和发生。这就需要在教学过程中通过新奇巧妙设问创设联想情境,从而使大学生插上联想的翅膀,自由翱翔,从多角度、多侧面、多层次、多结构去思考问题,扩展人生体验的深度和宽度。这种具有综合性、独特性和探索性的高级复杂心理活动,有助于开拓大学生认识新领域,实现从感性认识到理性认识的飞跃,促进大学生创造性思维的培养和提高。

第三,提高大学生思辨能力。知识是价值判断和价值选择的前提和基础。大学生要珍惜大好年华,博览群书、敏于求知,勇攀科学高峰。在丰富知识、提高学识的基础上,提升明辨是非的能力。提高大学生思辨能力,还要鼓励大学生多角度、多维度、多层次思考问题,提高通过对问题进行抽象的思考、分析、推理、论证、判断、评估形成结论的能力,不压抑大学生的思辨精神和创造精神,让大学生以条理清晰的分析、准确有力的说理成为一个有独立价值判断的人。培养大学生的反思、质疑和批判精神,对大学生的错误观点要有足够的耐心进行批评指正并适时进行引导,引导大学生以科学的方法去观察思考,以理性务实的态度去处理问题,以积极乐观的心态去迎接挑战。

综上所述,优化内在体验感悟机制,要增强大学生感受能力,促进大学生联想能力,提高大学生思辨能力。让大学生以洞察幽微的思辨能力体悟到每个个体相对于历史的有限性和自身蕴藏潜能的无限性,从社会客观条件和个体自身条件出发,理性地对待自身的现实客观存在,在正确把握时代发展机遇的基础上不断增强实现人生价值的能力和本领。使大学生在理解自我的同时走向超越,通过思考人生的意义和价值,将自我价值与社会价值相统一,确立和践行社会主义核心价值观。

(三)完善自我反思省察机制

人文素质培养中的自我反省机制是人的思想境界提高的基本方法,也是大学生社会主义核心价值观教育中自我意识觉醒的重要手段。自省的关键字是"省"。《说文解字》曰:"省,视也,从眉。""省"是察看、检查、探望、醒悟。自省即自己反过来察看、审视和检查自己。孔子要求学生要经常对自己的思想和行为进行自我检查和道德反省。既要"见贤思齐焉,见不贤而内自省也"(《论语·里仁》),还要"三人行必有我师焉,择其善者而从之,其不善者而改之"(《论语·述而》)。"吾日三省吾身"(《论语·学而》),古圣先贤就曾用这句话来提醒自己不断提升思想境界,自我建构人文主体。中国共产党把"批评与自我批评"作为党的发展过程中需要不断发扬的优良作风,这也是无产阶级政党区别于其他政党的重要标志。完善自我反思省察机制,要增强大学生自我剖析能力,促进大学生自我调节能力,提高大学生自我控制能力。

第一,增强大学生自我剖析能力。一个人在生活中难免会犯这样或那样的错误,重要的是必须对自己的过错不断进行自觉的反省,才能不仅从道理上,还从情感上和实践中不断提高自己遵守道德规范和道德准则的自觉性。大学生自我剖析,要提高透过表象看本质的辨别能力,不被假象所迷惑。增强大学生自我剖析能力,要使大学生自觉反省是否正以社会主义核心价值观作为自己的行为规范。

第二,促进大学生自我调节能力。要根据大学生自我调节能力发展的规律,主动营造有利于社会主义核心价值观学习的各方面条件,鼓励大学生发展自我调节的技能,提升大学生改变自己的心理状态以适应环境要求的能力。使大学生在内在或自我驱动的动机激发下,能够调节自己的情绪和心境以保持积极的心理状态,在学习活动后对社会主义核心价值观体悟和践行的结果进行自我检查和评价。

第三,提高大学生自我控制能力。大学生要抵制各种不良思想的侵扰,抵制社会上的各种诱惑,就要随着年龄的增长和社会经验的丰富不断提高自我控制能力,做出理性的判断和理智的行为,通过自身锤炼形成良好个人品德。大学生社会主义核心价值观教育不仅内容具有指导现实的意义,而且也应是个体精神生活的内在需求,能够以生活化的约束机制使大学生体验到自由感,因而应该是一种自觉和自发的行为。

综上所述,完善自我反思省察机制,要增强大学生自我剖析能力,促进大学生自我调节能力,提高大学生自我控制能力,使大学生在独处时深刻反思自己的行为举止,将社会主义核心价值观的基本内涵体现到实际行动中去。中国古人讲"内明之学",内蕴昭明才能朗照乾坤。通过反省内求可以激发人善良的本性,加强大学生反省内求的自我修养能力,不断提高大学生的认知水平,使知转化为行,达到知行合一。反躬自省是大学生社会主义核心价值观教育和道德修养的重要方法。

三、专业课程教育机制创新

专业教育是高等教育的基本形式,不同的教育内容蕴藏着各具特色的社会主义核心价值观教育资源,要把专业教育与大学生社会主义核心价值观教育结合起来。美国著名的品格教育学者托马斯·里克纳(Thomas Lickona)感言:"学术课程在价值观培养方面的作用是一个沉睡中的巨人。"[1]要坚

---

① [美]托马斯·里克纳:《美式课堂:品质教育学校方略》,刘冰、董晓航、邓海平译,海南出版社,2001 年,第 152 页。

持知识传授、能力培养与价值塑造相结合，将社会主义核心价值观有机融入各类课程。"深入发掘各类课程的思想政治教育资源，在传授专业知识过程中加强思想政治教育，把社会主义核心价值体系建设融入育人全过程，体现在教育教学各环节。"①创新专业课程教育机制，要健全教育资源挖掘机制、优化教学环节融入机制、完善素质教育实施机制。

（一）健全教育资源挖掘机制

列宁指出："工程师为了接受共产主义而经历的途径将不同于过去的地下宣传员和著作家，他们将通过自己那门科学所达到的成果来接受共产主义，农艺师将循着自己的途径来接受共产主义，林学家也将循着自己的途径来接受共产主义。"②这就是说可以通过自己那门科学本身的学习成长为马克思主义者。现代课程论的研究表明，学校的任何一门课程都具有大学生社会主义核心价值观教育的功能，就连与大学生社会主义核心价值观教育并没有直接联系的自然科学课程，都具有丰富的大学生社会主义核心价值观教育资源。健全教育资源挖掘机制，要深入挖掘、抓紧整合并充分利用专业课价值资源。

第一，深入挖掘专业课价值资源。专业课中的教学资源对大学生社会主义核心价值观教育来说是非常好的隐性教育资源，对提升大学生社会主义核心价值观教育的有效性大有益处，要将社会主义核心价值观作为核心内容科学地融入各专业各学科，推动所有课程都担负起育人责任。高校教师在专业课课堂讲授中要探寻科学家追求真理、积极进取、造福人类的价值取向，挖掘专业课程的发展历程和价值精神，在挖掘过程中提高大学生求真求

---

① 教育部思想政治工作司组编：《加强和改进大学生思想政治教育重要文献选编（1978—2014）》，知识产权出版社，2015 年，第 616 页。

② 《列宁选集》（第四卷），人民出版社，2012 年，第 442 页。

实意识,抓住专业课教材中的积极内隐价值资源,激发大学生的学习动力。

第二,抓紧整合专业课价值资源。高等教育把专业课程的学习放在重要的位置,是在普通教育基础上的专业教育。专业课课堂教学中知识技能的传授也可以成为蕴含丰富大学生社会主义核心价值观教育资源的载体,要深入挖掘并充分整合。从国家、社会、个人三个层面,使专业课中的教育资源既能体现社会主义核心价值观的要求,又能与大学生自身成长成才的发展需求和期待紧密结合起来,充分发挥专业课程育人功能,落实专业课教师育人职责。

第三,充分利用专业课价值资源。在专业课知识教学里糅合社会主义核心价值观教育元素,充分利用专业课价值资源,在专业课教学中完成价值引领。按照知识传授、能力培养、价值引领的总要求,大学生社会主义核心价值观教育不是生硬地加入专业课中,而是与专业内容融合在一起,或自然引申,或寻机拓展,遵循思想政治工作规律、教书育人规律和学生成长规律,随时随地调动大学生的主动性、积极性和创造性,使专业课更富有生机,更能联系大学生的实际和教学的实际进行思想渗透。

综上所述,健全教育资源挖掘机制,要发挥课程思政的协同效应,深入挖掘、协调整合并充分利用专业课价值资源进行教育引导,通过隐蔽的、间接的、巧妙的方式进行价值观渗透,加强专业课课堂教学隐性教育作用,构建全员全过程全方位育人大格局,使大学生在获得知识和能力的同时,于不知不觉中树立社会主义核心价值观。大学生社会主义核心价值观教育应当成为专业课课堂教学重要的教学目标之一。另外,在课堂教学实施过程中又要避免将专业课变成直接的价值观教学,从而失去间接教育的优势。

(二)优化教学环节融入机制

将社会主义核心价值观教育融入专业课课堂教学活动中,内化为专业课课堂教学教育手段和教育内容的创新解构，需要通过多种多样的有目的性、设计性和可控性的教学方法、教学手段和教学艺术发挥课堂教学主渠道作用。优化教学环节融入机制，要加强教学对象分析，增强教学过程设计，促进教学活动反思，在专业课课堂教学中发挥社会主义核心价值观方向上引领、路径上指导、目标上激励的作用，使社会主义核心价值观自然而然地转化为大学生的情感认同和行为习惯。

第一，加强教学对象分析。在专业课的日常教学中，高校教师应当把社会主义核心价值观渗透到每一个教学环节，将知识传授与大学生能力培养结合起来，帮助大学生建立牢固的知识基础。高校教师在知识传授中要因材施教，只有结合不同教学对象的知识背景以及不同专业学生学科知识产生、发展的历史，才能促使大学生更深刻地透过学科知识认同社会主义核心价值观。通过学科与社会生产的紧密联系和学科发展史进行大学生社会主义核心价值观教育，让科学理论渗透强国意识，通过学科发展史上做出突出贡献的杰出科学家的感人事迹进行社会主义核心价值观教育，激励大学生树立远大志向。

第二，增强教学过程设计。教师依据大学生的真实水平提出富有启发性和新鲜感的问题或案例来进行课程导入，通过讲授新课，对知识点中的重难点进行剖析和展现，配以巩固练习、归纳小结和反思拓展，把大学生对专业理论的理解引向较深的层次。渗透在教学过程设计中的社会主义核心价值观影响，主要通过大学生主动参与、积极贡献、相互合作、互惠共享的教学方法，以达到渗透影响的目的。专业课程在侧重于社会主义核心价值观的培养时，可使用专题教学法并增强交流互动。除了大学生之间的交流，教师在阅评大学生的学习成果时也要进行师生互动，这是进一步把大学生所学专业理论引向深入的必要举措。这些交流互动，有利于增强教学过程调控，及时解决大学生的疑惑和困扰。

第三,促进教学活动反思。教学活动反思对于改进教学、提高质量非常有效。专业课程课堂教学需要在教学过程前、中、后对大学生社会主义核心价值观教育活动进行观察分析,不断总结有益经验,并用新经验和新方法进行积极验证。对专业课程课堂教学内容、过程、策略、效果等进行纵向反思和横向反思,对专业课教师自身的思想境界、心灵历程、情感世界等进行抽身反省和自我观察,积极获取大学生的反馈意见的同时,专业课教师要经常听课交流、取长补短,从而形成包含事实判断与价值判断的教学活动反思。

综上所述,优化教学环节融入机制,要加强教学对象分析,增强教学过程设计,促进教学活动反思,加强问题意识,增强交流互动,在对大学生进行专业知识课堂传授的同时,间接隐性地进行具有潜在性和渗透性的社会主义核心价值观教育。渗透在专业课教材中的社会主义核心价值观影响,主要表现在教材中的思想内容和价值取向。任何一门专业课中都含有大学生社会主义核心价值观教育的资源,但在专业教学中不能牵强附会或生硬地进行,而要不断优化教学环节融入机制。

(三)完善素质教育实施机制

"人才培养,关键在教师。"[①]专业课教师对大学生思维方式和价值取向潜移默化的影响非常大,要充分利用专业优势,发挥社会主义核心价值观教育在职业理想信念和职业道德树立中的导向作用。同时,应该把育人放在专业课课堂教学首位,以专业课教师的人格魅力和职业信仰为大学生做出表率、树立楷模。完善素质教育实施机制,要明确素质教育目标,改进素质教育措施,增强素质教育效果,全面提高大学生的思想道德素质、科学文化素质、身体心理素质和劳动技能素质。

---

①　习近平:《在北京大学师生座谈会上的讲话》,人民出版社,2018年,第7页。

第一，明确素质教育目标。专业课教师对大学生的影响不仅仅是知识方面，更重要的是人格方面。一个优秀敬业的专业课教师，在传播专业知识的同时，还要通过每句话语、每个动作积极传播爱党、爱国、爱社会主义的正能量，充分尊重大学生的主体地位，理解学生、信任学生、爱护学生，使大学生学有所乐、学有所长、学有所用、学有所成，促进大学生全面发展、健康成长，使大学生坚持学习科学文化与加强思想修养的统一，德智体美劳全面发展。

第二，改进素质教育措施。在高校专业课课堂教学中，教师要转变教育理念，对本专业发展的历史及前景进行介绍，并通过介绍专业领域中杰出人物的辉煌成就、动人事迹和感人事例，弘扬劳模精神、劳动精神、工匠精神，融入职业道德教育。同时，对比行业内的一些不良现象，提高大学生对于职业观念、职业态度、职业纪律和职业作风等方面的职业认知能力和判断能力，让大学生学习职业道德规范，提高职业道德意识，从而在思想上有所触动，逐步形成良好的职业道德素质。

第三，增强素质教育效果。素质教育把人的全面发展作为教育的出发点和落脚点，有助于大学生确立主体意识，形成健全人格，提高综合素质，发展个性才能，练就过硬本领。高校专业课课堂教学要因材施教、因地制宜地引导大学生形成科学批判精神和创新创造精神，提升大学生自主学习能力和终身可持续发展的能力。同时，潜移默化地对大学生进行职业道德教育、集体主义教育、爱国主义教育，使大学生自觉树立国家意识、民族意识和责任意识，在服务人民、奉献社会、贡献国家中实现人生价值。

综上所述，完善素质教育实施机制，要明确素质教育目标，改进素质教育措施，增强素质教育效果。按照"学术无禁区，课堂有纪律"的要求进行专业课程课堂讲授，积极指导大学生的学术研究、实验操作、科技创新、发明创造等学习科研活动，认真备课、精彩上课。注重引导大学生学以致用、知行并进，积极践行社会主义核心价值观。

第五章　大学生社会主义核心价值观实践养成机制创新

马克思曾指出："哲学家们只是用不同的方式解释世界，而问题在于改变世界。"[①]毛泽东也说："你要有知识，你就得参加变革现实的实践。你要知道梨子的滋味，你就得变革梨子，亲口吃一吃。"[②]社会实践法是在马克思主义实践论的理论基础上，组织受教育者通过实践活动提高认识的方法，有助于大学生在社会生活实践的磨砺中逐步形成正确的价值观。1992年6月，中宣部、国家教委、共青团中央联合下发《关于广泛深入持久地开展高等学校学生社会实践活动的意见》，充分肯定了大学生社会实践活动在培养人才方面的重要作用，是改革开放后大学生社会实践全面推进的标志性文件。1996年12月，中宣部、国家教委、共青团中央联合下发《关于深入持久开展大学生社会实践活动的几点意见》，进一步探索开展社会实践活动的有效形式，强调社会实践活动的制度化、规范化建设。实践活动过程就是受教育者把思想观念、价值判断、道德规范付诸实践并通过实践进行检验的过程。2005年

---

① 《马克思恩格斯文集》（第一卷），人民出版社，2009年，第506页。
② 《毛泽东选集》（第一卷），人民出版社，1991年，第287页。

2月,《关于进一步加强和改进大学生社会实践的意见》指出:"理论教育和实践教育相结合是大学生思想政治教育的根本原则。"①强调社会实践有助于大学生"了解社会、认识国情,增长才干、奉献社会,锻炼毅力、培养品格"②。2012年1月,教育部等部门下发《关于进一步加强高校实践育人工作的若干意见》进一步强调:"坚持理论学习、创新思维与社会实践相统一,坚持向实践学习、向人民群众学习,是大学生成长成才的必由之路。"③大学生社会主义核心价值观实践养成机制创新,要通过健全实践课程开发机制、优化实践基地建设机制、完善实践制度保障机制进行实践基地活动机制创新;通过健全调研活动领导机制、优化调研过程运行机制、完善调研结果反馈机制进行社会调研活动机制创新;通过健全社区共建合作机制、优化勤工助学管理机制、完善志愿服务激励机制进行志愿公益活动机制创新,确保大学生社会主义核心价值观教育贯穿于社会实践的全过程,有利于促进大学生知行合一、不懈躬行。

一、实践基地活动机制创新

毛泽东在《实践论》中指出:"实践、认识、再实践、再认识,这种形式,循环往复以至无穷。"④若要在深厚的社会基础中扎根,牢固树立社会主义核心价值观,大学生必须不懈躬行。教育家陶行知曾说:"书本上得不到什么力

---

① 教育部思想政治工作司组编:《加强和改进大学生思想政治教育重要文献选编(1978—2014)》,知识产权出版社,2015年,第290页。

② 教育部思想政治工作司组编:《加强和改进大学生思想政治教育重要文献选编(1978—2014)》,知识产权出版社,2015年,第290页。

③ 教育部思想政治工作司组编:《加强和改进大学生思想政治教育重要文献选编(1978—2014)》,知识产权出版社,2015年,第496页。

④ 《毛泽东选集》(第一卷),人民出版社,1991年,第296页。

量,惟有从行动上得来的真知识,才是真的力量。"①社会实践是人的思想形成发展的源泉和动力,是形成正确的世界观、人生观、价值观的根本途径。社会实践活动为大学生提供了走出校园、客观真实认识中国历史发展、充分感受改革开放伟大成就的机会和平台。越来越多的青年学生参与"三下乡"社会实践活动,助力乡村振兴,参加基层支教、支农、支医和扶贫工作……用脚步丈量祖国大地,用内心感应时代脉搏,用奋斗成就精彩人生。新时代的中国青年将个人奋斗的"小目标"融入党和国家的"大蓝图",实现人生价值、升华人生境界。丰富社会实践途径,创新实践基地活动机制,使大学生以自己的专业知识投身社会实践中,要健全实践课程开发机制,优化实践基地建设机制,完善实践制度保障机制,将实践基地活动与大学生社会主义核心价值观教育有机结合起来,使大学生在社会实践活动中真切地感知国家和社会的发展变化,在生动的社会实践活动中提升个人思想道德素质和法治素养。

(一)健全实践课程开发机制

马克思主义认为:"全部社会生活在本质上是实践的。"②实践作为人类有目的地探索和改造客观世界的社会物质活动,是价值导向产生的基础,决定着社会主义核心价值观的生成与发展。马克思主义认识论和实践论与大学生社会主义核心价值观发展规律相契合,是有效地促进大学生认同社会主义核心价值观的途径。健全实践课程开发机制,要加大课程需求分析,推动制定课程标准,落实教材开发使用,使大学生把知识转化为能力,把理论运用到实践。同时促进学术研究型实践课程开发,加强素质发展型实践课程开发,改善志愿服务型实践课程开发,系统设计实践课程教育教学体系,提高大学生对社会主义核心价值观的自觉认识和躬行实践。

---

① 《陶行知文集》,江苏教育出版社,2008 年,第 472 页。
② 《马克思恩格斯选集》(第一卷),人民出版社,2012 年,第 135 页。

第一，加大课程需求分析。实践决定着社会主义核心价值观的生成、发展与实现，决定着社会主义核心价值观的基本指向。大学生是学习和科研的主体，要制定与大学生各学习阶段和专业特点相适应的、系统的研究型实践课程，满足不同年级和不同专业学生的学习研究需要，支持大学生开展研究性学习。将社会实践活动与大学生的专业学习、就业创业、勤工助学相结合，使大学生在参加志愿服务和公益活动中增强对世情、国情、党情的了解和认识，在实践中体验生活和锻炼能力，进而展现当代大学生的风采，更好满足大学生成长成才需要。

第二，推动制定课程标准。课程标准是实施人才培养方案，从而实现培养目标的教学指导性文件，要根据培养目标和课程内容、体系、范围准确定位课程性质和实施建议，依据存在的问题进行滚动修订，科学衡量教学效果。要对不同专业和年级的大学生进行分类指导，从低年级的军事训练、社会调查和公益服务，到高年级的专业实习、科技发明和创业实践等，都要以培养方案和教学计划的形式加以体现，推动制定课程标准，坚持原则性与灵活性相统一，提高实践育人的成效，推动学生将知识转化为行动。

第三，落实教材开发使用。实践课程教材应体现社会主义核心价值观的要求，符合大学生社会主义核心价值观教育的目标。实践课程教材是实践课程开发过程中重要的组成部分，要体现实践课程的知识目标、能力目标、情感态度与价值观目标。同时，实践课程教材的编写和实际应用中的落实同样重要，要按照实践课程的培养方案和教学计划严格落实，并在实践中检验和完善实践课程教材的实用性和针对性。

综上所述，健全实践课程开发机制，要加大课程需求分析，推动制定课程标准，落实教材开发使用，进而促进科学规划，增强统筹安排，加强校企合作。大学生的综合素质是成长成才的重要方面，要依托现有资源进行德育、智育、体育、美育和劳动教育，以提高大学生思想道德素质、专业理论素质和文体创新素质等综合素质,使大学生在社会实践中受教育、长才干、做贡献,完成对社会主义核心价值观由接受到践行的飞跃。

(二)优化实践基地建设机制

2012年1月,教育部等部门下发了《关于进一步加强高校实践育人工作的若干意见》,指出各高校要"建立多种形式的社会实践活动基地,力争每个学校、每个院系、每个专业都有相对固定的基地"[①]。社会实践基地依托软硬件优势资源,以促进大学生综合素质培养为导向,是大学生服务社会、传播文明、培养品格、增长才干的重要场所和学校育人的重要载体,用好重大历史事件纪念活动、爱国主义教育基地等开展责任意识培养,引导青年学生立志报效祖国,努力创造经得起实践、人民、历史检验的实绩。优化实践基地建设机制,要促进科学规划,增强统筹安排,加强校企合作,推进基地活动常态化,促进基地活动品牌化,加强基地活动社会化,使社会实践活动从学校的单向行为转变为调动一切力量予以支持的社会多角多边互动行为,成为由社会、学校、学生共同参与的一项社会系统工程。

第一,促进科学规划。促进实践基地建设进行科学规划,加强基地活动的稳定性和规律性,这就要求每所高校都有相对稳定的实践基地,基地的活动要有规律地定期开展,将社会主义核心价值观教育延伸至大学生日常学习生活之中。另外,还要积极推动教学、科研、生产三结合。实践基地建设的科学规划有利于大学生及时把理论与实践相联系,在实践中更好地理解所知所学,确保大学生社会实践稳定和健康发展。

第二,增强统筹安排。各实践基地要相互学习借鉴,充分利用国家重点工程等有利条件完善社会实践基地建设,提升实践活动内涵和品位,增强统

---

① 教育部思想政治工作司组编:《加强和改进大学生思想政治教育重要文献选编(1978—2014)》,知识产权出版社,2015年,第497页。

筹安排,开展各种就业创业大赛、专业技能大赛,建立既立足于国家发展,又兼顾大学生能力特点的创新发展实践活动模式。组织大学生参观实践教学基地,感知社会发展变化,增强国情意识和社会责任感,加深大学生对弘扬社会主义核心价值观的重要性和必要性的认识。

第三,加强校企合作。高校要加强同当地政府和社会团体之间的联系,主动寻找适合本校学生的社会单位和团体,与社区、乡、镇、企事业单位、爱国主义教育基地等加强联系,坚持互利互惠原则,为大学生提供稳定的、符合自身专业发展要求的校外实践基地和实习基地。同时,在高校所在地的博物馆、纪念馆、展览馆、历史文化遗址等文化艺术事业单位建立社会实践基地,组织大学生到校外基地参观学习,打造校企联合、社区服务、志愿服务等形式的校外实践基地。加强校企合作有利于丰富高校社会实践基地建设的资源,更好地与社会需求相结合。

综上所述,优化实践基地建设机制,高校要促进科学规划,增强统筹安排,加强校企合作,在企业、农村和地方合作单位建立社会实践基地,在实践中建立社会主义核心价值观教育活动常态化、品牌化、社会化的运作机制,使大学生在实践中接受教育和熏陶。近年来,很多高校根据自己的学校特色建立起了内容丰富、形式多样的校内外实践基地,实践育人工作成效显著。高校还要在此基础上进一步优化实践基地建设机制,使其在大学生社会主义核心价值教育中发挥更大作用。

(三)完善实践制度保障机制

"实践的观点、生活的观点是马克思主义认识论的基本观点,实践性是马克思主义理论区别于其他理论的显著特征。"①价值观实践养成以马克思

---

① 习近平:《在纪念马克思诞辰 200 周年大会上的讲话》,人民出版社,2018 年,第 9 页。

主义认识论和实践论为理论依据,大学生通过接受历练、磨练意志,养成良好行为习惯,不断提高自己的思想境界,是大学生社会主义核心价值观教育的有效方法。2004年8月,中共中央、国务院出台了《关于进一步加强和改进大学生思想政治教育的意见》,提出"社会实践是大学生思想政治教育的重要环节,对于促进大学生了解社会、了解国情,增长才干、奉献社会,锻炼毅力、培养品格,增强社会责任感具有不可替代的作用。要建立大学生社会实践保障体系,探索实践育人的长效机制"①。2005年2月,中共中央宣传部、中央文明办、教育部、共青团中央联合发布的《关于进一步加强和改进大学生社会实践的意见》,对大学生社会实践的理论和操作进行了详尽阐述。完善实践制度保障机制,高校要加强实践制度制定,促进实践制度落实,推进实践制度完善,制定完整的实践制度规范和配套文件,使社会实践基地的各项活动有序开展,促进社会实践活动规范化和制度化,以保证和提高社会实践活动的实效性和有序性,在社会实践活动中增强大学生的参与感、获得感、责任感和使命感。

第一,加强实践制度制定。实践制度的制定有助于高校规范化、系统化保障社会实践基地的建设。高校应加强制定实践制度,改进实践效果,征询大学生的意见与建议,把大学生社会主义核心价值观教育与实训、创新和创业基地等基地建设同规划、同建设,并避免有限的基地资源的闲置与浪费,提高使用效率,切实提高高校实践育人效果。同时,建立项目领队负责制,选聘思想品德好、组织能力强,专业素养高的高校教师担任领队,并对大学生进行考评,考评成绩记入学生综合测评总成绩中。

第二,促进实践制度落实。实践制度制定后,只有落到实处才能发挥作用。要确保大学生社会实践活动落到实处、收到实效,实现其在社会实践活

---

① 教育部思想政治工作司组编:《加强和改进大学生思想政治教育重要文献选编(1978—2014)》,知识产权出版社,2015年,第267页。

动中的社会主义核心价值观育人功能。高校必须高度重视建立和完善培养体系，按照社会实践活动的目标和要求督促大学生在参加社会实践后上交调查报告、调研论文等材料，把大学生参加社会实践活动的情况纳入学籍管理系统和评先评优条件，以确保社会实践工作不走过场，大学生在社会实践活动过程中能够有所收获、有所领悟、有所成长。

第三，推进实践制度完善。实践制度保障机制就是实践制度制定、落实、完善并在社会实践过程中循环往复的过程。没有实践制度的制定，执行就没有依据；而离开了落实，再好的制度也没有意义。推进实践制度完善要充分发挥高校教师和大学生的作用，在实践基地活动结束之后请他们及时反馈，多提合理性意见和建设性建议，根据高校教师和大学生的反馈结果不断调整、校正和完善实践制度，在实践理论指导、实践活动设计、实践方案实施、实践成果总结等各方面体现科学化水平，促进社会实践活动组织健全、制度明确、规范有序发展。

综上所述，完善实践制度保障机制，要加强实践制度制定，促进实践制度落实，推进实践制度完善，建立起高校实践指导教师的工作制度。对工作成绩突出的给予奖励和表扬，对于不负责任的给予批评和处理，统一培养实践育人工作队伍。制度在大学生社会主义核心价值观教育中发挥着约束、激励和导向的作用，完善实践制度保障机制，有助于形成大学生自觉践行社会主义核心价值观的生动局面。

二、社会调研活动机制创新

调查是了解和认识调查对象的一种感性认识活动，而研究则是对事物本质规律认识的一种理性认识活动。调查是前提，研究是关键。研究是调查的升华，调查可以了解情况、获取信息，研究才能发现真相、掌握实情，这是一个从感性认识上升为理性认识的过程。2023 年 3 月，中共中央办公厅印发的《关于在全党大兴调查研究的工作方案》强调："调查研究是谋事之基、成事之道，没有调查就没有发言权，没有调查就没有决策权；正确的决策离不开调查研究，正确的贯彻落实同样也离不开调查研究；调查研究是获得真知灼见的源头活水，是做好工作的基本功；要在全党大兴调查研究之风。"[①]社会调研是深入了解和正确认识社会现实的科学手段，也是进行大学生社会主义核心价值观教育的有效方法。"时代是思想之母，实践是理论之源。"[②]创新社会调研活动机制，使大学生通过社会调研活动的方式更好认识国情、了解社会，就需要健全调研活动领导机制，优化调研过程运行机制，完善调研结果反馈机制。深化大学生对社会主义核心价值观的理解和认识，高校要坚持课内与课外相结合，使大学生的正确价值观在社会生活实践的磨砺中逐步形成，在潜移默化的价值引导中成为社会主义核心价值观的践行者。

（一）健全调研活动领导机制

社会调研活动要把高校各职能部门的工作人员组织联系起来，通过分工合作，对大学生社会调研活动的策划、指挥和控制进行全面部署，用系统化、制度化的形式规定领导权限、领导机构、领导关系和领导活动方式，保证社会调研活动的领导行为具有完整性、一致性和连贯性。健全调研活动领导机制，要使社会调研活动更具科学性、合理性和有效性，在大学生社会主义核心价值观教育中发挥积极作用。

第一，改进对调研活动的策划。高校在选择社会调研活动的具体内容时，不能简单划一，应充分结合大学生各自的专业特点，尽量与大学生的专业方向相一致。同时与地方经济和社会发展的需求相结合，细化社会调研活

---

① 《中办印发〈关于在全党大兴调查研究的工作方案〉》，《人民日报》，2023 年 3 月 20 日。

② 《习近平谈治国理政》（第二卷），外文出版社，2017 年，第 62 页。

动方案,使大学生能学以致用,将课本中的理论知识应用到实践。这样既可以提高大学生参加社会调研活动的兴趣,还能使大学生将活动中的感性认识在接下来的学习过程中逐步转化为对本专业的理性认识,进而提升专业能力和专业素养。

第二,推进对调研活动的指挥。实践基地配备素质较高的社会调研活动指导教师,推进对调研活动的指挥,提高社会调研活动指导教师的专业素质能力和教书育人工作,保证社会调研活动多元有序开展。通过不同背景的社会调研活动指导教师扩展大学生的视野和视角,使大学生能够从不同方位和角度理解和看待同一问题或现象,通过深入思考和热烈讨论加深对社会主义核心价值观的认同和理解。

第三,加强对调研活动的控制。根据职责权限的分工,当前大学生社会调研活动的领导机构主要由两部分构成,即高校和地方政府。高校要建立由学校领导负责,以宣传部、学生工作部(处)、团委、教务处等部门共同协作的社会调研活动领导机构,培养大学生团队协作精神、语言沟通艺术和组织管理能力等综合素质。地方政府要高度重视社会调研活动在大学生社会主义核心价值观教育中的作用,加强监督和管理,采取有力措施加强对社会调研活动的控制。

综上所述,健全调研活动领导机制,要改进对调研活动的策划,推进对调研活动的指挥,加强对调研活动的控制,从而厘清工作思路,明确目标方向,突破管理瓶颈。通过对社会调研活动的全面部署,增强高校社会调研活动指导教师的参与,使大学生能够了解社会调研活动的过程,提高自己的分析能力、判断能力、科研能力和实战能力,开阔理论视野,丰富社会经验,进而不断提高自己的专业水平和道德素质。

（二）优化调研过程运行机制

大学生社会调研活动要实现在实践中育人的效果，应当制定切实可行的政策，过程与结果并重，进一步优化社会调研过程运行机制，加强高校与地方互动交流，促进教师学生沟通协作。使各部门在领导、组织等方面各负其责、通力合作，确保社会调研过程不断完善和改进，加强调研过程沟通，增进调研过程互动，强化调研过程协作，将大学生社会调研活动落到实处，推动社会主义核心价值观教育取得实效。

第一，加强调研过程沟通。高校和地方政府选择确定调研对象、地点、方式、主题和目标，提出各自对对方的要求和自身需要承担的责任，确定调研人员及任务分配，以保证社会调研活动顺利进行，达到社会主义核心价值观教育理想效果。同时，提高大学生在社会调研活动中的沟通能力与交流技巧，有助于消除沟通中的障碍，避免不必要的误解，使社会调研活动顺利开展，深化对社会主义核心价值观的认识。

第二，增进调研过程互动。高校教师和大学生一起探讨研究没有出现过的新问题，唤醒大学生个体的情感意识，进而启发大学生道德自觉，增强大学生道德践履。调研过程互动可以使高校教师更了解大学生的所思所想，增进师生之间的互动交流。同时，教师也更需要倾听和回应，这样才能真正走入大学生内心，了解大学生的思想动态和观点看法，进而有针对性地进行社会主义核心价值观教育。

第三，强化调研过程协作。高校要成立社会实践领导小组，由主管领导担任组长，不断发展、完善、优化调研过程，保证其长期可持续发展，提高大学生参与的积极性。建立以精神鼓励为主、物质鼓励和精神鼓励相结合的奖励机制，调动大学生参与社会调研活动的积极性，推动大学生走出校门，走进社会，从而使大学生对社会的认识更全面更深刻，通过社会调研活动，真正对社会主义核心价值观产生深深认同。

综上所述,优化调研过程运行机制,要加强调研过程沟通,增进调研过程互动,强化调研过程协作。将书本知识与社会实践相结合,用贴近生活、贴近群众的方式使大学生不受自身实践经验局限性的影响,把自己的所知所学所研和国家发展、社会需要的实际有机结合起来,实现自我价值与社会价值的统一,助力中华民族伟大复兴的中国梦,在服务人民、奉献社会的实践中牢固树立社会主义核心价值观。

(三)完善调研结果反馈机制

毛泽东指出:"调查就像'十月怀胎',解决问题就像'一朝分娩'。调查就是解决问题。"①社会调研是大学生在实践中树立正确的世界观、人生观、价值观的重要途径,这一培养人才的实践活动既需要高校具备强大的组织和应变能力,还需要大学生具备一定知识和能力素养。完善调研结果反馈机制,要完善调研报告撰写,加强调研结果分析,落实调研结果反馈,使大学生学会理性辨析,进而形成正确的价值认知和价值判断。

第一,完善调研报告撰写。调研报告数据要真实准确,语言表达要简洁流畅,论述要符合事实,对策要符合逻辑并切实可行。完善调研报告撰写,需要高校的社会调研活动专业指导教师对调研报告撰写的基本要求、写作要点和格式形式进行细致讲解和认真指导,对整个调研工作中计划、实施、收集、整理等过程进行系统总结,运用典型事例和精准数字等材料说明观点,在此基础上,大学生撰写的调研报告才更加规范。

第二,加强调研结果分析。调研报告不能只是材料的堆积,还要对调研数据进行研究和解释,对调研结果进行分析和诊断。大学生在调查研究过程

---

① 《毛泽东选集》(第一卷),人民出版社,1991年,第110~111页。

中对调研对象不断深化认识，撰写出的调研报告会反映和折射出自己的思考和认识。对调研结果的准确分析更容易掌握大学生的思想现状，有利于加深高校教师对大学生的进一步了解，从而针对不同学生的不同问题进行社会主义核心价值观阐释和教育。

第三，落实调研结果反馈。高校对大学生社会实践调研结果的评价应该包括：选题的独创性、报告的学术价值、课题的应用价值、调研活动的社会影响力等方面。落实调研结果反馈，对大学生社会实践调研活动做出总结，有助于大学生查缺补漏，弥补知识点的空白和实践的不足，扩展大学生对社会热点问题认识的广度和深度，找到大学生成长成才和全面发展的着力点，通过社会调研活动让社会主义核心价值观的要求成为大学生自觉奉行的价值追求。

综上所述，完善调研结果反馈机制，要完善调研报告撰写，加强调研结果分析，落实调研结果反馈。从而使大学生在社会实践调研活动中，深刻理解党的路线方针政策，全面了解世情国情党情，增强对马克思主义及其中国化时代化成果的理解和认识，提升发现问题和解决问题的能力，积极提出有参考价值的对策措施，进一步把握社会主义核心价值观的内涵，把人生价值追求融入国家和民族的事业。

三、志愿公益活动机制创新

在"公益"二字中，"公"是指公正，国家的、共同的，公然、公开，公务等意思。"益"字包括水漫出来，多、富裕，增加，利益、好处，更加等意思。二者结合起来就具有了非营利性和奉献性的意思。大学生社会公益活动是大学生以志愿者身份参加的各项社会服务事业活动的总和，是大学生社会主义核心价值观教育的重要实践途径。大学生参加社会公益活动，可以通过勤工助学、志愿服务、社区共建等实践不断提高思想觉悟和认识能力,在基层工作中汲取营养,经受锻炼,找到自我价值与社会价值相统一的结合点,从而形成良好的行为习惯和坚强的意志品质。创新志愿公益活动机制,要健全社区共建合作机制,优化勤工助学管理机制,完善志愿服务激励机制。

(一)健全社区共建合作机制

"社区"这个概念最早源于德国社会学家斐迪南·滕尼斯(Ferdinand Tönnies)出版于1887年的《共同体与社会》(*Gemeinschaft und Gesellschaft*)[又译作《社区与社会》(*Community and Society*)]一书,他认为社区是指基于亲族血缘关系而结成的社会联合。①20世纪二三十年代,这一概念由费孝通引入中国。社区是精神的联合体,也是深耕厚植社会主义核心价值观的重要切入点。健全社区共建合作机制,要明确合作目标,落实共建任务,促进平台搭建,增强高校与社区之间的协商沟通,加强交流互动,利用高校和社区的资源合力强化大学生社会主义核心价值观教育,逐步形成资源共享、共同发展的大学生社会主义核心价值观教育新格局。

第一,明确合作目标。社区作为相同地域范围内人们所组成的社会生活共同体,范围越来越复杂,发挥作用也越来越大。高校与相邻社区之间处于共生的生态圈,利用高校优质教育资源可以提升整个社区的安全程度和学习氛围。高校与社区合作要探寻最佳结合点,明确高校与社区共建共创共享的共同目标,经常交流沟通并进行资源共享,通过大学生与社区组织的联动协作,有效促进大学生社会主义核心价值观教育。

第二,落实共建任务。高校与社区共同参与到大学生社会主义核心价值观教育的任务中来,要使大学生多多参与社区组织的活动,增加大学生参与

---

① [德]斐迪南·滕尼斯:《共同体与社会》,林荣远译,商务印书馆,1999年,第58页。

社会实践的机会并增强对地方文化的了解,加快大学生的社会化进程,使其尽快地融入当地的生活。通过现代化技术手段开发大学生社会主义核心价值观教育互动软件,成功实行学校、家庭与社区对接与互动,形成立体化、全方位的大学生社会主义核心价值观教育格局。

第三,促进平台搭建。我国的社区建设还处在初级阶段,正在全面推进的新型城镇化进程改变的不仅是人们生产生活方式,还有思维方式。高校必须转变理念,促进平台搭建,借鉴公共组织与公共管理、社区治理理论,突出高校所在地区社区组织的地位、功能和特点,在公共组织视野下思考和开展社区的大学生社会主义核心价值观教育工作,合理充分利用社区的大学生社会主义核心价值观教育资源。

综上所述,健全社区共建合作机制,要明确合作目标,落实共建任务,促进平台搭建,使社区能够为高校提供大学生进行社会实践的环境与平台,帮助大学生拓宽自己的专业知识面,提升自己的专业技能,在实践中检验和丰富所学的专业理论。同时,发挥社区在大学生社会主义核心价值观教育中生活化的体验式作用,促进大学生在日常生活与社会成员的互动中感知、践行和弘扬社会主义核心价值观。

(二)优化勤工助学管理机制

"知"是前提和基础,"行"是根本和目的,社会主义核心价值观的生命在于实践,其伟大力量也藏于实践。勤工助学是提高大学生综合素质和资助家庭经济困难学生的有效实践途径。优化勤工助学管理机制,要增加勤工助学岗位,规范勤工助学审批,改进勤工助学管理,使大学生通过勤工助学活动,用自己的辛勤劳动取得的合法报酬来改善学习和生活条件,增强对社会主义核心价值观的理解和践行。

第一,增加勤工助学岗位。引导和组织大学生积极参加勤工助学活动,可以依托大学生所学专业开展校外勤工助学活动，制定勤工助学岗位的报酬标准，增加勤工助学申请，从而通过勤工助学活动锤炼大学生意志，锻炼大学生生存能力和发展能力。勤工助学活动中，助学是关键，不能本末倒置。高校要对勤工助学活动进行认真挑选，以提高能力、拓展知识为重要选择标准，培养大学生的敬业精神和工匠精神。

第二，规范勤工助学审批。勤工助学审批涉及大学生自身利益，对大学生是非观念的判断也有着直接影响。勤工助学审批的条件、程序、结果都要体现社会主义核心价值观公正的内涵，减少相关政策制定和实施过程中可能出现的技术性失误，从而最大限度地实现过程公正和结果公正，增强大学生对社会公正的普遍认同和充分信任。规范勤工助学审批，才能使大学生在实践生活中真切感受社会主义核心价值观的价值引领作用。

第三，改进勤工助学管理。大学生要在高校管理部门的组织指导下参加勤工助学活动，明确专人承担拓展校外勤工助学资源的工作，为大学生积极参加勤工助学创造条件。高校要努力促进大学生的勤工助学与专业学习相结合，使他们既取得合理的经济收入，又能够锻炼自己的能力水平。积极推进大学生兼任助教、助研和助管等工作，提供更多的勤工助学岗位和信息服务。同时，在大学生勤工助学工作中不能只重视和强调物质激励，还要与情感激励结合起来。

综上所述，优化勤工助学管理机制，要增加勤工助学岗位，规范勤工助学审批，改进勤工助学管理，拓展勤工助学资源，丰富勤工助学激励手段，提供体力和智力相结合的勤工助学岗位。高校勤工助学是配合人才培养这一根本目标而开展的，要遵循大学生社会主义核心价值观教育的规律和理念，要有利于大学生明辨是非，认识社会，锻炼品格毅力，提高综合素质，促进大学生进一步了解世情国情党情，树立服务人民、奉献社会的科学高尚的人生追求。

（三）完善志愿服务激励机制

只有通过实践创造价值，才能体现出人的价值。志愿服务作为一种课外的社会主义核心价值观教育方式，是大学生为他人奉献并实现自我价值和社会价值的实践性活动，有助于培养大学生"奉献、友爱、互助、进步"的志愿服务精神。2017 年 4 月，中共中央、国务院颁布的《中长期青年发展规划（2016—2025 年）》五年实施情况综述指出，青年社会融入与社会参与更加广泛，并统计了青年志愿者的数量："全国志愿服务信息系统中 14 岁至 35 岁的注册志愿者已超过 9000 万人。"①大学生志愿服务呈现出质量高、范围广的新特点，与国家社会发展需求联系更加紧密。随着志愿服务活动内容更加多样化和专业化，参与度和影响力不断增强，将有力地促进大学生社会主义核心价值观的践行。大力弘扬奉献、友爱、互助、进步的志愿精神，要推进志愿服务制度化，以实际行动书写新时代的雷锋故事。2023 年 2 月，习近平对深入开展学雷锋活动作出重要指示强调，"新征程上，要深刻把握雷锋精神的时代内涵，更好发挥党员、干部模范带头作用，加强志愿服务保障和支持，不断发展壮大学雷锋志愿服务队伍，让学雷锋在人民群众特别是青少年中蔚然成风"②。在志愿服务活动中，我们既要学习雷锋的精神，也要学习雷锋的做法，把崇高理想信念和道德品质追求转化为具体行动。完善志愿服务激励机制，要完善志愿服务注册，加强志愿服务培训，规范志愿服务管理，使志愿服务活动与大学生社会主义核心价值观教育紧密相连。

第一，完善志愿服务注册。完善志愿服务注册，可以有计划、有目的、有

---

① 《〈中长期青年发展规划（2016—2025 年）〉五年实施情况综述》，《中国共青团》，2022 年第 14 期。

② 《习近平对深入开展学雷锋活动作出重要指示强调 深刻把握雷锋精神的时代内涵 让雷锋精神在新时代绽放更加璀璨的光芒》，《人民日报》，2023 年 2 月 24 日。

步骤地充分利用大学生的第二课堂、社会公益活动、参观访问等多种形式的宣传教育实践活动，拓宽大学生社会主义核心价值观教育的空间，使大学生社会主义核心价值观教育从理论走向更为直观和生动的实践。大学生志愿者信息注册的完善，也有助于组建具有相同服务意向和志趣爱好的志愿服务团队开展志愿服务活动，更好地对接志愿活动供需双方，推动志愿服务项目化运作、组织化规范和制度化发展。

第二，加强志愿服务培训。大学生特点各异，要注意区别对待，发挥每个大学生的特长，使大学生在志愿服务中充分发挥主观能动性，发扬奉献精神和团队精神，以辛勤劳动和无私奉献展现当代大学生精神风貌，加深对社会主义核心价值观内容的理解，达到志愿服务活动实践育人的目的。加强志愿服务培训，使大学生履行志愿服务承诺，传播志愿服务精神，要提升志愿服务理念培训、社交礼仪培训、生活常识培训、医疗救助培训、心理抚慰培训等各项培训，提高大学生志愿者的服务能力。

第三，规范志愿服务管理。志愿服务本身充当着人的价值实现的重要路径。志愿服务及志愿精神体现了社会主义核心价值观的深刻内涵，与社会主义核心价值观的本质要求是一致的。规范志愿服务管理，要对大学生志愿服务时间进行统计。根据大学生不同年龄阶段、不同地区、不同专业、不同家庭情况的特点，充分发挥每个大学生的特长，优势互补，并以激励机制促进社会主义核心价值观内化于心、外践于行。高校要建立志愿服务信息管理系统和评价体系，根据大学生不同阶段、不同专业的特点确定社会实践的形式，提高大学生志愿服务水平和综合素质。

综上所述，完善志愿服务激励机制，要完善志愿服务注册，加强志愿服务培训，规范志愿服务管理，加大志愿服务激励，强化志愿服务信念，完善志愿服务评价，使大学生志愿者得到一定的物质和精神回报，使志愿服务能够保持长久的、可持续的发展。只有让大学生志愿者在服务过程中受到尊敬、得到理解,进而吸引更多的人参与志愿服务,才能激励大学生持续参与志愿服务活动。要建立多层次、多样式的大学生志愿者表彰奖励制度,设立各种级别、各种类型的大学生志愿者荣誉奖励,依据大学生志愿者年累计服务时间和服务质量设立星级认定制度,授予各种星级荣誉称号,让获奖的大学生志愿者得到社会各界的尊重和敬佩,从而倡导志愿服务理念、弘扬志愿服务精神、营造志愿服务氛围、深化志愿服务活动。

第六章　大学生社会主义核心价值观校园文化建设机制创新

文化有耕种、耕作，同时还有培养之意。狭义的文化指除了物质现象之外的人类精神现象。高校是大学生社会主义核心价值观教育的主阵地，在占有人才和教育资源方面具有独特的优势。"高等学校校园文化是社会主义先进文化的重要组成部分。"①大学生社会主义核心价值观校园文化建设机制创新，要通过健全景观规划机制、优化基建管理机制、完善设施保护机制，进行校园物质文化建设机制创新；通过健全校风形成机制、优化教风建设机制、完善学风生成机制，进行校园精神文化建设机制创新；通过健全课程管理制度、优化社团管理制度、完善宿舍管理制度，进行校园制度文化建设机制创新。2004 年 8 月，中共中央、国务院《关于进一步加强和改进大学生思想政治教育的意见》以及 14 个配套文件相继出台，明确指出，"大力建设校园文化。校园文化具有重要的育人功能，要建设体现社会主义特点、时代特征

---

① 教育部思想政治工作司组编：《加强和改进大学生思想政治教育重要文献选编（1978—2014）》，知识产权出版社，2015 年，第 275 页。

和学校特色的校园文化,形成优良的校风、教风和学风"①。校园文化对大学生具有很强的教育功能,要将社会主义核心价值观融入校园物质文化建设、精神文化建设、制度文化建设的方方面面,通过校园文化强有力的隐性熏陶,产生润物无声的影响,提升大学生社会主义核心价值观教育的实效性。

一、校园物质文化建设机制创新

　　校园物质文化是大学文化的物质形态和综合实力的重要标志,包括高校的整体规划、空间布局和设计风格,有教学楼、实验室、图书馆等教学场所,山水园林、楼宇雕塑等自然或人文景观,有纪念性、象征性、激励性、装饰性的雕塑,体育、文艺等文化娱乐设施,还有校徽、校标以及路牌、楼名等。校园物质文化渗透着一所学校的精神特色和文化传统。瓦西里·亚历山德罗维奇·苏霍姆林斯基(Васи́ллий Алекса́ндрович Сухомли́нский)认为:"一所好的学校连墙壁也能说话。"②2004 年 12 月,教育部、共青团中央《关于加强和改进高等学校校园文化建设的意见》指出:"高等学校校园文化是社会主义先进文化的重要组成部分。加强校园文化建设对于推进高等教育改革发展、加强和改进大学生思想政治教育、全面提高大学生综合素质,具有十分重要的意义。"③创新校园物质文化建设机制,要"完善校园文化活动设施,重视校园人文环境培育和周边环境整治,建设体现社会主义特点、时代特征、学校特色的校园文化"④。健全景观规划机制,优化基建管理机制,完善设施保护

①　教育部思想政治工作司组编:《加强和改进大学生思想政治教育重要文献选编(1978—2014)》,知识产权出版社,2015 年,第 267 页。

②　[苏]苏霍姆林斯基:《苏霍姆林斯基选集》(第 4 卷),蔡汀、王义高、祖晶主编,教育科学出版社,2001 年,第 22 页。

③　教育部思想政治工作司组编:《加强和改进大学生思想政治教育重要文献选编(1978—2014)》,知识产权出版社,2015 年,第 275 页。

④　《关于培育和践行社会主义核心价值观的意见》,人民出版社,2013 年,第 8 页。

机制,使抽象的社会主义核心价值观内容可视、可感、可触。

(一)健全景观规划机制

健全景观规划机制,要增强人文景观功能,强化景观精准定位,优化校园总体布局,从而提高美化标准,突显地域特点,增强育人功能。高校校园景观规划要达到处处有历史、处处有文化、处处有寓意的效果。大学生在高校校园建筑和美景的熏陶中达到教育无痕、润物无声的效果,不断提升文化审美品位,进而确立社会主义核心价值观。

第一,增强人文景观功能。高校在发展过程中沉淀下来的校园物质文化,会使大学生增强认同感,身临其境地感受高校历史的光辉。高校校园物质文化建设,要对已有的历史进行继承,对已有的自然风貌进行传承,发挥建筑历史载体的作用。高校的建筑物及硬件设施除了具有实用性,还要上升到与美学并重的高度,自觉激发大学生对真善美的向往与追求。不管是教学楼、体育场还是宿舍楼,都是社会主义核心价值观隐性教育的外在表现,是审美功能和教育功能的和谐统一。高校校园自然景观和人文景观有机融合,集合自然物质和人类文化共同形成,可以在硬件设施、高校建筑中附加雕塑艺术和种植文化,用形式多样的水文化、石文化装点大学校园,把中华优秀传统文化与世界先进科技相结合,实现人与自然和谐相处,增强高校校园人文景观功能。

第二,强化景观精准定位。大学是知识和高科技融汇的场所。大学生掌握社会的前沿文明,运用世界的先进文化,要在校园物质文化的取舍和分辨等方面作出明智的选择,把社会主义核心价值观渗透在高校建筑和校园美景中,使校园物质文化的建设具有较高的文化层次和道德品质。高校更需要强化景观精准定位,提高美化标准,在日新月异的发展变化中海纳百川,吸收借鉴一切世界文明有益成果,也要让大学生主动参与到高校环境的绿化、净化、美化工作中。

第三,优化校园总体布局。校园物质文化会因为所处的自然环境不同而不同,要充分融入周围的环境当中。北方的风格相对粗犷,南方的风格比较婉约,校园物质文化是人文文化的一部分,应该顺应当地的风格,展现不同地区的特色,通过具有当地特点的物质环境传递大学生社会主义核心价值观教育信息。在一些标志性文化建筑上,高校还可以将学校及当地名人塑像做成雕塑,立于公共场所。同时,高校校园物质文化建设要充分考虑大学生行为需求,把学习、生活等不同功能的硬件设施合理组团,组成以校内建筑物为基本单位的建筑群,加大硬件设施投入,方便大学生学习交流,充分利用好高校校园中的物质文化载体来体现真、善、美的价值理念。优化校园总体布局,完善教育教学设施,使校园丰富灵活的建筑组团为大学生社会主义核心价值观教育服务,通过校园规划、校舍建设、校园绿化、教学资源配备等物质环境的创设,体现校园环境育德益智的作用,使高校环境真正成为育人之所。

综上所述,健全景观规划机制,要增强人文景观功能,强化景观精准定位,优化校园总体布局。在高校校园既有物质文化建设的基础上,教学区、实验区、宿舍区、活动区等协调建设,注重校园绿化建设,统筹规划各种新建工程的布局,使高校校园整体布局科学合理,整体的校园设计突出高校专业特色和历史传统。同时,合理规划人文景观,充分体现人文关怀,打造清洁校园、美丽校园、安全校园。

(二)优化基建管理机制

只有在具有鲜明特点的校园精神文化的灌注与指导下,校园的物质文化才会充满灵气,其内在潜质才会被充分激活与发挥。校史馆中传播的校史文化是大学生社会主义核心价值观教育的有效途径,实验室和阅览室是高校教学科研活动的重要场所,都可以发挥文化育人的重要作用。校史文化内容丰富真实、教育性强,开发利用价值大,是校园文化与社会主义核心价值观相结合的源头活水。校史文化也是国家历史文化发展的重要缩影,体现了不同学校的办学理念和独特风格,因而也会让大学生感觉更亲切。提升校史文化作用,要加强校史馆管理和建设。高校的实验室是大学生进行科研活动的重要场所,承担着大力培养创新型人才的重要使命,要体现社会主义核心价值观的发展要求。优化基建管理机制,要提升科学管理,加强质量监督,促进监管审计。

第一,提升科学管理。作为高校职能部门之一的基建处承担着高校基建管理的重要职责,负责学校基建项目的招标和评定工作,配合参与设计、地勘、监理和施工等工程管理工作和消防、人防、环保和节能等施工管理工作,根据高校发展规划编制校园基本建设总体规划和年度基建投资计划。高校基础设施建设应考虑学校的教学秩序和师生安全,对校园内的文明施工、合理降噪和安全施工等都提出了更高要求。同时,需要有年龄结构合理、专业技术过硬的管理班子,对基建管理人员也要有更高的专业素质和管理水平要求。

第二,加强质量监督。高校基础设施建设是高校教学科研的依托和载体,要提高工程质量、降低建设成本。但如果工程造价控制过低,合理工期过度压缩,以及现场施工无法把控等问题存在,势必会影响高校基建工程质量。所以要加强质量监督,不过度依赖监理,把好竣工工程项目的质量验收关,从而最大限度地满足教学、科研和师生生活的需要,为大学生社会主义核心价值观教育提供良好的物质环境。

第三,促进监管审计。高校的基础设施建设是教学、科研和生活的重要保障,涉及建筑、装饰、管道、设备等,关系到高校师生的基本工作生活,涉及资金多,涉及人员广。由于高校扩大规模招生,大学生数量增长较大,许多高校积极开展基建工作,各种教学设施、活动场馆和学生宿舍等基建项目大量上马,要促进监管审计,使高校校园充满清正廉洁之风。对高校基建工作的监管审计是对高校基建工作依法依纪实施的保障,也是促进高校基建事业健康发展的一种重要手段。

综上所述,优化基建管理机制,要提升科学管理,加强质量监督,促进监管审计,在不同时期和不同发展阶段选择适合高校自身发展的基建管理模式,充分利用互联网、物联网、云计算等先进技术实现现代信息化高校基建工程管理。注重将社会主义核心价值观融入高校博物馆、校史馆、图书馆、档案馆的基础设施建设,以物质形态体现特有的大学文化信息,形成特色浓郁的大学文化氛围,发挥高校校园文化育人的重要作用,通过知识传播和人才培养帮助大学生形成良好的思想道德品质。

(三)完善设施保护机制

高校校园物质文化建设对于大学生社会主义核心价值观教育有着潜移默化的重要作用。"核心价值观在一定社会的文化中是起中轴作用的,是决定文化性质和方向的最深层次要素。"①将社会主义核心价值观教育融入高校校园物质文化建设,要适应大学生身心发展特点,善于把社会主义核心价值观的内涵和要求融入物质结构和硬件设施中,创造安定有序又充满活力的高校学习生活环境,打造和谐校园。完善设施保护机制,要规范设施使用,强化设施维护,加强设施保养,加强高校校园文化建设。

第一,规范设施使用。高校设施使用管理是重要的基础性工作,高校办公楼、教学楼、学生公寓等设施的规范使用,有利于教学活动的顺利开展和大学生良好习惯的养成。要按照统一领导、归口管理、分级负责、责任到人、

---

① 中共中央宣传部:《习近平总书记系列重要讲话读本》,学习出版社、人民出版社,2016 年,第189 页。

管用结合的原则,建立规范化、制度化的给排水设备、中央空调设备、电梯设备、弱电系统设备等设施使用管理制度,落实各级的具体管理责任人,优化配置,物尽其用,合理规范使用高校教室、宿舍、食堂、实验室、图书馆、体育馆等基础设施,充分发挥高校设施的实际作用。

第二,强化设施维护。设施维护是高校教学、科研、办公的坚实后勤保障,是确保高校教学、科研顺利进行,促进高校可持续发展的重要工作。高校的基础设施要及时维护,每年划拨一定数额的维护费,由学校后勤部门、学生会和大学生定期、不定期地对高校基础设施的信用、维护和维修情况进行关注、监督和检查,并报至后勤部门进行专业维护和及时维修。安防、消防、监控、防雷等设施维护有严格的技术规范,必须要定期进行,使高校设施始终处于安全、正常的使用状态。

第三,加强设施保养。高校要加强设施保养,按照技术手册要求进行针对性的操作和必要的防火、防潮、防腐、防霉、防锈处理,做到管理有目标、工作有标准、保养有记录、效果有考核,形成有效的监督检查制度,及时发现安全隐患,防患于未然,杜绝人为责任事故的发生。设施保养的加强,既有助于延长设施的使用寿命和维修周期,减少维修费用,同时也有很好的示范作用,有利于增强大学生的主人翁意识。

综上所述,完善设施保护机制,要规范设施使用,强化设施维护,加强设施保养。高校通过组织协调各院系、各部门的资源,为设施保护工作提供基本保障,对设施的使用、维护和保养工作进行监督考核和综合评价。同时,使大学生在校园物质文化建设中深刻认识和把握社会主义核心价值观,养成对社会共同劳动成果珍惜和爱护的良好行为习惯,彰显大学生的道德修养水平。

二、校园精神文化建设机制创新

"人类社会发展的历史表明,对一个民族、一个国家来说,最持久、最深层的力量是全社会共同认可的核心价值观。"①校园精神文化是一所高校的特色和灵魂,是大学文化的内核和最高表现形式,反映了一所高校倡导的理想信念和价值追求。2012年3月,教育部《关于全面提高高等教育质量的若干意见》强调,要"发挥文化育人作用,把社会主义核心价值体系融入国民教育全过程,建设体现社会主义特点、时代特征和学校特色的大学文化。秉承办学传统,凝练办学理念,确定校训、校歌,形成优良校风、教风和学风,培育大学精神。"②创新校园精神文化建设机制,要健全校风形成机制,优化教风建设机制,完善学风生成机制,通过校园精神文化建设为大学生的成长成才提供智力支持和精神保障。

(一)健全校风形成机制

校风是一所学校占主导地位的行为习惯和群体风尚,存在于学校的环境和氛围中,表现在校内人员的态度和趋向上,反映出学校的精神面貌和办学水平,体现了学校的办学理念和办学风格。良好校风形成一种独特的教育心理环境,有利于师生树立正确的价值导向。"当代中国价值观念,就是中国特色社会主义价值观念,代表了中国先进文化的前进方向。"③高校可以将社

---

① 习近平:《青年要自觉践行社会主义核心价值观——在北京大学师生座谈会上的讲话》,人民出版社,2014年,第3~4页。

② 教育部思想政治工作司组编:《加强和改进大学生思想政治教育重要文献选编(1978—2014)》,知识产权出版社,2015年,第535页。

③ 中共中央宣传部:《习近平总书记系列重要讲话读本》,学习出版社、人民出版社,2016年,第208页。

会主义核心价值观体现在校训、校歌和校徽上,以此鞭策和鼓励大学生。健全校风形成机制,发挥校风的同化力和约束力作用,就要加强学校倡导,促进教师引导,增进同学督导,大力营造符合社会主义核心价值观要求的良好校园风气。

第一,加强学校倡导。校风是学校师生共同具有的思想行为作风,体现了学校的办学理念和培养目标,学校领导班子作风是直接影响校风的关键。在校风创导阶段,高校要运用各种舆论工具,加强校训文化传承功能,提升校歌价值塑造作用,强化校徽凝聚人心效应,丰富大学生社会主义核心价值观教育礼仪礼节活动,以良好的校风真正感染、熏陶和培养大学生的良好道德情操,调动各种力量积极倡导社会主义核心价值观。

第二,促进教师引导。教师是教育方针政策的执行者,不但要传授知识、培养能力,还要用高度的情感动机进行大学生社会主义核心价值观教育。高校教师要创新大学生社会主义核心价值观教育方法、手段和途径,激发大学生的崇敬感、荣誉感、自豪感、责任感和使命感,潜移默化地影响大学生的思想、情感、意志、性格和行为,从而对大学生的健康发展和成长成才起到积极促进作用。

第三,增进同学督导。具有稳定性和自觉性等特征的高校校风是一所学校长期以来所积淀的独有文化,优良校风在人才培养、师资建设和教学管理等方面有着巨大的优势。大学生是良好校风的直接营造者,要适应社会发展的需要,获取知识和技能,成长为一个对国家、社会、民族有用的人才。这就需要增进同学之间的相互督导,通过自我管理、自我约束,在严于律己的同时为同学提出有益的意见和建议,发挥监督指导的作用。

综上所述,当前高校的优良校风得到彰显,风清气正的育人环境基本形成,校风形成机制有序运行,但高校校风个性化还有待加强。健全校风形成机制,要加强学校倡导,促进教师引导,增进同学督导,突出本校办学理念和文化底蕴的特色，认识到健全校风形成机制对大学生社会主义核心价值观教育的重要作用，在潜移默化中把以"三个倡导"为主要内容的社会主义核心价值观转化为大学生自觉的价值认同和价值追求。

(二)优化教风建设机制

"教师承担着传播知识、传播思想、传播真理的历史使命，肩负着塑造灵魂、塑造生命、塑造人的时代重任，是教育发展的第一资源，是国家富强、民族振兴、人民幸福的重要基石。"[①]教风是教师在教学实践过程中表现出的稳定又富有该校成员共同特色的思想作风和工作作风，是教师的治学态度、专业水平、学术规范、教学技能和师德风范等素质的综合表现。包括教师的思想政治素质、心理素质、精神面貌和行为能力。高校教风建设实际上是高校主导性政治性文化建设，依靠传统习俗和社会舆论以及师生的个人信念和思想道德等精神力量进行指导。优化教风建设机制，要加强教师道德规范，促进师德自律养成，提高师德践行能力，从而形成优良教风。

第一，加强教师道德规范。师德是教师的执教之本，是教师在职业生活中所表现出来的观念意识和行为品质，具有极强的示范作用，师德师风建设应该有严格制度规定，教师道德规范要与时俱进。高校教师要以德立身、以德立学、以德施教，以平等的身份对待大学生，与大学生形成民主开放、友好融洽的师生关系，给予大学生充分的理解和信任，做大学生的良师益友，成为大学生的引路人。

第二，促进师德自律养成。高校教师是大学生的楷模，也是为学为人的表率，要从大处着眼，从细微处入手，严于律己，真心奉献，提高师德素养，做好文化传播者和道德示范者，把师德养成贯穿于高校教师成长发展的整个

---

① 《中共中央国务院关于全面深化新时代教师队伍建设改革的意见》，人民出版社，2018 年，第2 页。

过程。促进师德自律养成,形成优良的师德风范,激励高校教师以德修身、以德育人的积极性和主动性,发掘师德典型,讲好师德故事,强化师德考评,进而推进高校教师师德水平的提升。

第三,提高师德践行能力。高校教师要增强自身的知识储备,培养良好的内在素养,提升自身的自控能力,不断地锻铸师魂,勤勉务实地工作,以执着动力投身教育事业,在教育活动中严中有爱、爱中有严,勇于实践,勇于创新。提高师德践行能力,可以成立专门的领导小组负责组织领导工作,创建一套与政治、法律、社会舆论有密切联系且具有一定的强制性的评价体系,制定切实可行的具体目标、工作计划和实施保障措施。

综上所述,当前高校教师爱岗敬业、教书育人的优良教风基本形成,脚踏实地的工作作风更加强劲,开拓创新的时代风貌更加鲜明,形成了良好的职业道德风尚。但高校教师职业行为失范偶有发生,严谨自律的治学态度还需加强。优良教风是良好教学质量的前提,优化教风建设机制,要加强教师道德规范,促进师德自律养成,提高师德践行能力,以良好的教风推进大学生社会主义核心价值观教育。

(三)完善学风生成机制

"知识是树立核心价值观的重要基础。"[1]学风主要是指学生在学习过程中表现出来的学习动机、学习态度、学习行为的综合表现和精神风貌,关系着学校的发展和学生的成长,具有稳定性和持续性。2011年12月《教育部关于切实加强和改进高等学校学风建设的实施意见》指出:"学风是大学精神的集中体现,是教书育人的本质要求,是高等学校的立校之本、发展之魂。"[2]

---

[1] 《习近平谈治国理政》(第一卷),外文出版社,2018年,第172页。

[2] 教育部思想政治工作司组编:《加强和改进大学生思想政治教育重要文献选编(1978—2014)》,知识产权出版社,2015年,第494页。

完善学风生成机制,要让大学生明确学习动机,端正学习态度,增强学习效果,使大学生把优良学风内化为服务人民、奉献社会的自觉行动,作为新时代的见证者、开创者、建设者,为实现中华民族伟大复兴中国梦贡献自己的聪明才智和青春热血。

第一,明确学习动机。学习动机是推动大学生进行学习活动的内在动力,具有促进学习的作用。高价值和高成功预期,共同构成大学生的学习驱动力。高校学风是透过价值认同表现出来的治学风貌,爱国、敬业、诚信、友善等对公民个人层面的要求与大学生的学习动机相结合,可以使大学生将自我价值和社会价值统一起来,通过教育教学活动使大学生或有为往圣继绝学的崇高,或有为万世开太平的使命。进行这种高尚、正确的学习动机的培养将对大学生的学习活动和成长成才具有推动作用。

第二,端正学习态度。学习态度是学习者稳定的一种心理倾向,是认知、情感、意志相关联的有机统一体。学习动机不明确就会表现出学习态度不端正,影响学习效果。学习态度反映了学生对学习的价值的认识,如果明确了学习动机,认识到学习的重要性,大学生就会通过端正的学习态度调节自己的学习行为。认为学习有意义的学生学习积极主动、认真刻苦,即使遇到困难和挫折也百折不挠、勇往直前。反之,则表现出消极懈怠,对周围环境漠不关心,甚至对自身发展失去信心。

第三,增强学习效果。营造民主的学习氛围,既可以使大学生敢于张扬个性,激发想象力和创造力,挖掘和激发其潜能,培养创新创造的精神,又能够使大学生惜时如金地钻研理论知识,掌握实践技能,成长为德智体美劳全面发展的优秀人才。从而通过社会主义核心价值观教育促进大学生取得良好的学习效果,增强大学生通过学习活动获得的成就感、幸福感和使命感。

综上所述,当前高校的学风总体上是好的,求真务实的学术氛围明显增强,严谨治学的科研精神更加鲜明,学风生成机制基本建立,但学术不端行为仍时有发生,科研诚信教育还有待加强,大学生学习的主动性不强。完善学风生成机制,要使大学生明确学习动机,端正学习态度,增强学习效果。因而,要"大力弘扬优良学风,把软约束和硬措施结合起来,推动形成崇尚精品、严谨治学、注重诚信、讲求责任的优良学风,营造风清气正、互学互鉴、积极向上的学术生态"①。

三、校园制度文化建设机制创新

规范有序且具有外在强制力的日常规范管理是搞好校园文化建设的必要保障。校园制度文化建设可以使日常工作有据可依,避免管理的混乱,保证高校校园文化活动的有序状态。"制度好可以使坏人无法横行,制度不好可以使好人无法充分做好事,甚至会走向反面。"②高校要"按照社会主义核心价值观的基本要求,推进现代学校制度建设,完善学校规章制度"③。高校要以社会主义核心价值观为指导,不断完善高校的日常规章制度,使学校各项工作的实施有章可循、有据可依,保证高校校园文化活动的科学、规范、有序运行,健全课程管理制度、优化社团管理制度、完善宿舍管理制度。

(一)健全课程管理制度

"青年的价值取向决定了未来整个社会的价值取向,而青年又处在价值观形成和确立的时期,抓好这一时期的价值观养成十分重要。"④健全课程管

① 习近平:《在哲学社会科学工作座谈会上的讲话》,《人民日报》,2016年5月19日。
② 《邓小平文选》(第二卷),人民出版社,1994年,第333页。
③ 教育部思想政治工作司组编:《加强和改进大学生思想政治教育重要文献选编(1978—2014)》,知识产权出版社,2015年,第683页。
④ 习近平:《青年要自觉践行社会主义核心价值观——在北京大学师生座谈会上的讲话》,人民出版社,2014年,第9页。

理制度,要结合高校教育教学实际以顶层设计来强化课程的管理,积极探索课程管理的新途径和新方法,在高校、教师和大学生三个层面上,完善课程开发管理制度,规范课程实施管理制度,提升课程评价管理制度,全面加强大学生社会主义核心价值观的培育和引导。

第一,完善课程开发管理制度。高校要提高教师的课程开发能力,使其具备一定的课程开发、实施和管理经验,不断改进和优化社会主义核心价值观教育行为,不断发现和解决教育实践中的问题,在实践探索和经验积累上充分满足高校课程开发管理的需要。高校教师应积极提出开发课程的项目建议书,并制定课程的教学大纲,按照课程开发的原则、途径和程序确立教学目标、内容、学时、评价方法等内容。

第二,规范课程实施管理制度。在课程实施中,高校要从教师备课、课堂讲授、作业布置等方面的管理制度来考察,做到课程门类、课时不随意增减,依法执行课程设计和教学计划。高校教师要精心备课,认真编写课程设计,严格实施教学计划,不断改进教学方法,增强教学工作积极性、主动性和创造性,打造具有高阶性、创新性和挑战度的金课,提升高等教育含金量,实现全员全程全方位育人。

第三,提升课程评价管理制度。高校应逐渐建立适应经济社会发展需要,反映科学技术发展趋势的课程管理体系,在课程设置、课程管理、课程实施和课程评价等方面建立起更加充实完善和科学有效的课程评价管理制度,逐步形成课程门类丰富、教学管理先进、师生共同成长的高校课程体系,并结合教学实际和学生实际不断修订完善课程评价方案,引领大学生成长方向,为大学生提供成长支持。

综上所述,健全课程管理制度,要完善课程开发管理制度,规范课程实施管理制度,提升课程评价管理制度,实现高等学校人才培养目标,使大学生把社会主义核心价值观的要求变为自觉奉行的价值追求。高校要以通识教育为基础,并依据自身办学特色及大学生兴趣进行课程设置,从而满足人才培养全方位需求,培养大学生解决复杂问题的思维和能力,促进大学生德智体美劳自由而全面发展,成长为又博又专、本领高强、实干进取的时代新人。

(二)优化社团管理制度

高校学生社团是培养大学生自立自信自强的人格品质、积极向上的人生态度、团结进取的团队精神的重要组织。高校学生社团为大学生综合素质的提高提供了广阔的舞台,有利于大学生开阔视野,培养能力,陶冶情操,全面发展,在社团活动中进行社会主义核心价值观教育。优化社团管理制度,要规范社团成立制度,落实社团管理制度,完善社团考评制度,使高校学生社团活动与大学生社会主义核心价值观教育紧密相连。

第一,规范社团成立制度。以社会主义核心价值观引领高校社团文化,要牢固树立依法管理大学生社团的法治理念。高校社团管理部门要参照共青团中央、教育部《关于加强和改进大学生社团工作的意见》,及学校有关社团成立审批的相关规定,对提交的社团成立申请进行审批并上报学校备案,才能宣布社团的合规成立。规范社团成立制度,有助于大学生增进法治意识,养成法治思维,增强尊法学法守法用法的自觉性。

第二,落实社团管理制度。保证社团规章制度的正确执行和落实到位,要明确职责、细化分工、管理规范,提升社团管理制度执行力,使社团活动有章可循。同时,紧密结合高校实际,帮助社团选聘指导教师,引导大学生加强理论修养,坚持正确的政治方向,对大学生进行爱国主义、社会主义和集体主义的宣传教育,积极引导大学生在实践中提高政治素质和道德水准,以加强高校对学生社团的管理。

第三,完善社团考评制度。高校制定社团的考核条例与奖惩办法,在各社团间形成良好的竞争机制,对各社团的活动计划、活动数量、活动效果、活动简报及社团阶段性成果等方面进行规范考核, 有助于大学生在社团活动中积极表现自我,促进社团的发展,发挥社团带有专业的交叉性、活动的实践性、组织的社会性等特点的隐性社会主义核心价值观教育作用。

综上所述,优化社团管理制度,要规范社团成立制度,落实社团管理制度,完善社团考评制度,立足于大学生的实际,尊重大学生的主体地位,激发大学生的创造性和参与意识,培养和锻炼大学生的综合素质。可以在体育活动中培养大学生公平竞争的进取精神和自信乐观的人生态度,在校庆、国庆等节日庆典活动中培养大学生的爱国精神,通过潜移默化的价值引导,使大学生在实践体验中认知和认同,成为社会主义核心价值观的践行者。

(三)完善宿舍管理制度

大学生社会主义核心价值观教育不应该只存在于课堂, 还应该存在于日常生活中。宿舍作为大学生生活、学习、交往的重要场所,应该发挥出其应有的作用。包括寝室设施、环境卫生、室内陈设、个人用品等物质文化,宿舍成员表现出来的各种思想观念等精神文化,宿舍成员的生活方式和多种多样的课外活动等行为文化,以及规章制度等制度文化。要坚持管理育人、服务育人、环境育人的宗旨,重视宿舍的教育功能,完善宿舍安全管理制度,加强宿舍卫生管理制度,改进宿舍纪律管理制度,将生活和学习相结合,重视并充分挖掘宿舍的大学生社会主义核心价值观教育功能。

第一,完善宿舍安全管理制度。完善宿舍安全管理制度,有利于保障大学生的人身安全和财产安全,使宿舍安全管理有章可循。高校要制定完善的安全保卫制度,对宿舍的用电、用水、防火、防盗等方面的安全工作加强管理和监督,防止各类安全事故和治安案件的发生。安全的生活环境有利于大学生更好地投入学习。因此要提高大学生的安全防范意识,使大学生掌握基本的安全防范常识,积极消除安全隐患。

第二,加强宿舍卫生管理制度。宿舍是大学生养成文明行为的重要场所,为营造整洁舒适的生活环境,对宿舍卫生进行有效管理是十分必要的。将学生宿舍管理工作与社会主义核心价值观教育有机结合,有助于提高大学生独立意识和自理能力,培养大学生劳动观念,增强大学生公德意识,使其养成良好的卫生习惯,进而促进大学生进行自我管理、自我服务、自我教育,打造整洁文明、安定团结的学生宿舍。

第三,改进宿舍纪律管理制度。如果简单地把大学生当成被管理的对象,过多地要求大学生服从与执行,不重视宿舍管理中的人文关怀,就会出现宿舍纪律管理制度义务性、强制性的条款较多,而权利性、人性化的条款较少的情况,这将不利于大学生积极地参与宿舍管理。要重视尊重保护大学生的隐私,充分考虑大学生的合理建议,提升宿舍纪律管理制度的人本性和育人性,增强大学生社会主义核心价值观教育的实效性。

综上所述,完善宿舍管理制度,要完善宿舍安全管理制度,加强宿舍卫生管理制度,改进宿舍纪律管理制度,建立有约束和规范功能的宿舍文化制度,使大学生形成自我管理意识,增强自我控制能力。宿舍管理和大学生的日常生活紧密联系,是习惯养成的重要场所。把宿舍管理制度与大学生平时表现以及学籍管理相结合,可以使宿舍管理制度更有约束力。宿舍文化建设不仅仅以达标为主要目的,还要通过文化的熏陶作用,引导大学生养成良好的生活习惯,增强为美好生活而努力奋斗的动力,加强社会主义核心价值观的隐性教育效果。

第七章 健全核心价值观教育机制创新考评监督体系

　　高校健全大学生社会主义核心价值观教育机制创新考评监督体系，要坚持系统规划、整体推进，运用考评机制、监督机制和保障机制，使整个机制全面而系统地运作，促进宣传舆论机制、课堂教学机制、实践养成机制、校园文化建设机制等机制各要素之间动态而全面的系统创新。通过健全深入考查机制、优化全面核实机制、完善科学评价机制，进行考评机制的健全；通过健全自我监督机制、优化舆论监督机制、完善职能部门监督机制，进行监督机制的健全；通过健全经济保障机制、优化组织保障机制、完善法治保障机制，进行保障机制的健全，使社会主义核心价值观真正成为大学生的价值遵循和行为导向。

一、考评机制

　　2018 年 9 月，习近平在全国教育大会中指出："培养什么人，是教育的首要问题。我国是中国共产党领导的社会主义国家，这就决定了我们的教育必须把培养社会主义建设者和接班人作为根本任务，培养一代又一代拥护中国共产党领导和我国社会主义制度、立志为中国特色社会主义奋斗终身的有用人才。这是教育工作的根本任务，也是教育现代化的方向目标。"[1]高校只有抓住培养德智体美劳全面发展的社会主义建设者和接班人这个根本任务才能办好。健全大学生社会主义核心价值观教育机制创新的考评机制，要健全深入考查机制、优化全面核实机制、完善科学评价机制，以社会主义核心价值观为价值标准来衡量大学生的行为，明确考评标准，规范考评程序，改进考评方法，采用科学方法和技术手段进行整体考核和综合评价，准确有效考核评估大学生社会主义核心价值观教育机制创新的状况和水平。

（一）健全深入考查机制

考查机制是指结合大学生社会主义核心价值观教育工作预期目标对机制运行过程及教育结果进行考查的机制。考查机制从本质上讲是一种价值判断过程，必须对大学生社会主义核心价值观教育机制创新的程度和教育效果做出价值判断。因此，如何把主观因素转化为可操作的客观指标成为一个难题。建构完善的考查机制既有赖于考核方式和评价体系设计的科学化，也需要增强自律意识，以更加公正、公平、透明的结果来增强考查的说服力。健全深入考查机制，要明确考查标准，改进考查方法，落实结果反馈。

第一，明确考查标准。考查标准是衡量各项考评指标得分的基准。明确考查标准，就是要根据高校和大学生的实际情况明确和细化考查项目、考查内容、考查方法、考查流程等多项考查指标。这些考查指标相互补充、相互制约，可以较全面地反映大学生社会主义核心价值观教育机制创新的真实情况，从而有利于高校客观地掌握大学生社会主义核心价值观教育机制创新

---

① 《坚持中国特色社会主义教育发展道路 培养德智体美劳全面发展的社会主义建设者和接班人》，《光明日报》，2018 年 9 月 11 日。

情况,有的放矢地进行下一步工作安排。

第二,改进考查方法。从考查的方法来说,首先应该坚持定性与定量相结合的方法。根据大学生社会主义核心价值观教育的实际特点,对其社会主义核心价值观践行进行定性考查,尽量把考查标准量化,转化成可以直接或者明确反映大学生社会主义核心价值观教育成果的可操作性的标准。社会主义核心价值观的内容是多方面的,其效果也必然反映在多方面,需要采用综合性考查的方法,从总体上加以比较。

第三,落实结果反馈。结果考查主要看完成情况,过程考查主要是看平时的学习状态和表现,是一个动态的过程。对优秀大学生进行表扬奖励,对于考查不合格的应予以提醒或批评。对考查者成绩和经验的肯定,能够有效巩固、拓展、深化大学生社会主义核心价值观教育机制创新成果,激发积极性和创造性,也能够发现存在的问题,激励被考查者从错误的工作方式和思维方式中吸取教训,朝着正确的方向努力。

综上所述,健全深入考查机制,要明确考查标准,改进考查方法,落实结果反馈。同时,评价主体素养的高低与方法的科学直接关系到考评结果的真实性和科学性,所以还要提升考核评价主体素养。高校以大学生社会主义核心价值观教育机制创新这一目标为导向,经过长时间、全方位、多层次地全面核实和科学评价后,通过肯定积极行为、否定消极行为,以奖惩制度进行正向激励,促进大学生社会主义核心价值观宣传舆论机制、课堂教学机制、实践养成机制、校园文化建设机制的创新。

(二)优化全面核实机制

大学生社会主义核心价值观教育机制创新考核考评过程不能孤立对待考查对象,要充分考虑考查对象的知情权和考评过程的透明度,做到公平、公正、公开,针对需要核实的日常工作和重点工作,明确指令任务和待办事项,跟进进度和完成情况。优化全面核实机制,要扩展核实范围,完善结果公示,增加整改措施,对大学生社会主义核心价值观教育机制创新实施全面核实、完整准确、综合评定的评估方略。

第一,扩展核实范围。核实是事物对自我功能不断调整和优化的步骤。从核实范围上看,应结合核实对象的具体状况进行评估,只有对受评对象的工作、学习和生活等各方面进行全方位、全员核实,才能全面了解和把握大学生社会主义核心价值观教育机制创新的现状、成果和挑战。扩展核实范围,以更加宏大的视野来审视大学生社会主义核心价值观教育机制创新的各要素运行状况,有利于定点定位,找准大学生社会主义核心价值观教育机制创新中出现的问题。

第二,完善结果公示。结果公示既要有量化指标,也要有质化标准。不但要对大学生的道德素养、公德意识和心理健康状况进行核实,还要对大学生在高校校园各类文化活动中的表现状况等进行核实,实行质化评价与量化评价相结合的弹性核实方式。要确保量化的指标能够代表或反映评估对象的现状和存在的问题,制定科学的量化指标评价细则。量化指标为分析大学生社会主义核心价值观教育机制创新提供了便利的手段,在一定程度上代表着质的水平,但定性的质化标准却更加意义深远。

第三,增加整改措施。核实大学生社会主义核心价值观教育机制创新状况就是要降低偏差和减少失误,通过整顿和改革促使大学生社会主义核心价值观教育机制不断创新。因此,整改时要查找问题,分析原因,搜集整改意见,制定整改方案,检验整改效果,确保整改实效,坚持问题导向,列出问题清单,明确大学生社会主义核心价值观教育机制创新的努力方向,把查和改贯通起来,深挖根源,对症下药。

综上所述,优化全面核实机制,要扩展核实范围,完善结果公示,增加整改措施,定期或不定期地检验、查证并客观全面地反映大学生社会主义核心价值观教育机制创新的真实情况。建立全面核实系统,对重点事项和关键环节设置考核指标和权重,运用创建、查看、修改、删除、搜索等功能建立核实记录,据此整理结果并形成报告,提出意见和建议,有的放矢地进行大学生社会主义核心价值观教育,使大学生社会主义核心价值观教育更有针对性和实效性。

(三)完善科学评价机制

价值评价是主体对价值关系的反映和认识,是主体的一种精神活动。价值评价总是以认识、情感、意志、信念等多种形式表现出来,通过对大学生社会主义核心价值观教育机制创新的科学准确评价,可以增强和提升大学生价值判断能力、价值选择能力、价值塑造能力。健全大学生社会主义核心价值观教育机制创新考评机制,完善科学评价机制,要加强自我评价,完善教师评价,促进学生互评。

第一,加强自我评价。自我评价是个体对自身能力和价值所持有的评价,合理的自我评价对大学生自我完善有促进作用,有利于通过自我检查促进自我提高。大学生对社会主义核心价值观认可后会形成一种信号,评价到主体那里去,进而强化对社会主义核心价值观的认同。加强自我评价,有助于大学生时时以社会主义核心价值观的要求比对自己的思想信念和行为规范,进而达到日用而不知的效果。

第二,完善教师评价。对大学生社会主义核心价值观教育进行评价,要以社会主义核心价值观教育目标为依据,运用有效的评价技术和手段。在教师评价的实施过程中,要注意将定性和定量相结合,诊断性评价、过程性评价和成果性评价相结合,他评和自评相结合,上对下、下对上和同级评价相结合。这样,才能使评价过程科学合理,结论有说服力和可信度,发挥评价机制的导向和促进作用,保证大学生社会主义核心价值观教育机制创新的顺利运行。

第三,促进学生互评。在进行大学生社会主义核心价值观教育机制创新评价时,要从大学生社会主义核心价值观教育机制创新的真正实效出发,提高评价科学化水平,通过规范、科学的测量和考查手段,得出客观的成果性评价。评价是主、客观相结合的过程,科学合理的评价指标体系,需要结合大学生的思想状况、价值观念等来进行,使大学生社会主义核心价值观教育机制创新评价更有依据。

综上所述,完善科学评价机制,要加强自我评价,完善教师评价,促进学生互评,建立大学生社会主义核心价值观教育机制创新工作立体化评价体系和评价结果的反馈与公开制度。根据评价标准,按照评价目标,在对评价客体进行系统分析的基础上做出价值判断。对参与大学生社会主义核心价值观教育工作的各环节对机制创新做出了多大努力和取得了何种成效进行考查核实,最终形成有参考价值的科学评价。

二、监督机制

监督是指享有监督权的主体依法进行管理、检查、惩戒和制约的行为,包含两层意思,一是监察,二是督促。监察是为了发现问题,督促是为了解决问题。健全大学生社会主义核心价值观教育机制创新的监督机制,要健全自我监督机制,优化舆论监督机制,完善职能部门监督机制。大学生社会主义核心价值观教育机制是一个闭合系统,正是在机制运行的一个个循环往复中,大学生社会主义核心价值观教育机制创新工作不断得到发展。

（一）健全自我监督机制

自我是人们意识到的和能意识到的知觉活动和状态认知的总和。自我监督是道德修养的重要方法，指的是由个体自觉调整自己的动机和行为，使之符合道德规范，从而实现道德目标。随着我国物质文明的发展和精神文明的进步，大学生自我监督程度越来越高，通过更加自觉地调整自己的动机和行为，使之符合社会主义核心价值观要求的作用也日益突出。健全自我监督机制，要提高大学生自我要求，加强大学生自我反思，促进大学生自我约束。

第一，提高大学生自我要求。自我监督就是要大学生时时提醒自己尽量缩小以至消除与社会主义核心价值观要求之间的偏差。大学生如果自我要求过低，则很难以社会主义核心价值观的要求来奋发向上。提高大学生自我要求，改造大学生主观世界，要发挥主观能动性，加强道德养成和品格陶冶，使大学生对自己的思想、品德、行为、动机进行自我监督，自觉用社会主义核心价值观规范自己的一言一行。

第二，加强大学生自我反思。自我反思是反思主体对自己过去行为和经验的反思，即通过对自己过去思想行为的回忆，提取再现内记忆，从而及时修正错误，实现自我成长。大学生自我反思要强化自省自律，通过大学生对社会活动过程中逐渐形成的信念、情感、习惯和行为进行反思，从而总结经验，提高认识，纠正偏差，反思实践，进而自我监督、自我检查、自我调适，发挥社会主义核心价值观崇德向善的积极作用。

第三，促进大学生自我约束。自我约束是自觉地调整自己的动机和行为以达到社会主义核心价值观教育目标的一种自我修养方法。大学生要增强自我约束意识，提升自我约束能力，以自我约束不断校正与社会主义核心价值观要求之间的差距。自我约束是在自我要求和自我反思基础上的更高一层的自我监督要求，通过发挥大学生的主观能动性，最终达到大学生对社会主义核心价值观自觉践行的效果。

综上所述，健全自我监督机制，要提高大学生自我要求，加强大学生自我反思，促进大学生自我约束，使大学生能够用社会主义核心价值观的标准要求自己的一言一行，不断总结反思。对不符合社会主义核心价值观要求的做法和行为进行自我调节，预防和及时发现不良问题和不良倾向。同时，自我监督是监督机制的重要组成部分，有其不可替代的功能作用，但它不能代替舆论监督和职能部门监督。

(二)优化舆论监督机制

人类历史上的监督与制约机制可以分为以权力、以道德或以权利制约权力。舆论监督是指人民群众或新闻从业人员通过一定的传播媒介或宣传工具对社会主义核心价值观教育进行监督和批评，具有监督方式的公开性、监督主客体的广泛性和监督影响的及时性等特点，影响广、时效快。通过对大学生社会主义核心价值观教育的监督和批评，进而推动大学生社会主义核心价值观教育机制创新。舆论监督的范围广泛、手段多样，是以权利来制约权力。随着信息传播速度加快，舆论的力量不断外显，成为非常有时效性和针对性的监督方式。舆论监督的实质是人民监督。优化舆论监督机制，要加强网络舆论监督，拓展新闻舆论监督，促进社会舆论监督。

第一，加强网络舆论监督。网络舆论监督中的网络信息具有客观性和真实性的特征，介入成本低，网民可随时对关注的话题进行讨论，形成舆论压力。要逐步培养大学生的政治敏锐性和政治辨别力，使大学生敢于同网上流传的各种歪理邪说、错误观念和不良思想做斗争，鼓励大学生弘扬符合社会主义核心价值观的行为，同时对现实中存在的一些不良现象、不良行为进行批评教育，依法纠正惩处，积极引领社会风尚。

第二，拓展新闻舆论监督。新闻舆论监督就是通过广播、电视、报纸、杂志等新闻媒介，以新闻报道的形式来揭示大学生社会主义核心价值观教育中存在的问题，对各种不利于大学生社会主义核心价值观教育的言行进行公开批评、揭露和曝光，通过报道、评论和讨论等监督方式形成的新闻舆论督促解决。坚持正确舆论导向,要讲究方式方法,把握好时、度、效,敢于揭露批评不道德行为和不良风气,激浊扬清、针砭时弊,将落脚点放在解决矛盾和改进大学生社会主义核心价值观教育机制创新工作上。

第三,促进社会舆论监督。社会舆论监督就是通过社会公众的意见和态度来进行监督,并督促纠正错误。社会公众通过对大学生社会主义核心价值观教育的监督,表达看法和意见,以期达到提高教育质量,促进大学生社会主义核心价值观教育机制创新的效果。舆论的形成和发展都离不开群体的力量,通过社会公众不断参与,来表达自己的意见或看法,相互交流、观点整合,使舆论不断发展,进而进行调节和管理。

综上所述,优化舆论监督机制,要加强网络舆论监督,拓展新闻舆论监督,促进社会舆论监督。舆论监督具有人民性、开放性、广泛性的特点,是社会主义民主政治的重要内容,是人民行使民主权利的有效形式。通过舆论监督能够对不符合社会主义核心价值观的行为进行揭露和批评,发挥精神和道德的力量来引领高校校园风尚,以积极向上的正能量推动大学生社会主义核心价值观教育机制创新。

(三)完善职能部门监督机制

职能部门监督包括平行关系和上下级关系的监督,具有独立性、权威性和实效性的特点。有效监督的前提是监督主体能充分行使监督权,监督客体切实处于监督主体的监督之下,并且监督主体的监督活动不受监督客体的制约和干扰,以保证监督效力、监督效率、监督效益和监督效度。完善职能部门监督机制,要强化上级主管部门监督,加强同级部门监督,促进高校领导部门监督,大力提升职能部门的监督实效。

第一,强化上级主管部门监督。强化上级主管部门监督,要依托高校思想政治教育相关委员会或职能部门,通过发放调查问卷、网络交流互动、召开座谈会和巡视巡察等方式，对大学生社会主义核心价值观教育机制创新工作进行监督、检查和评估。通过由上至下的命令传达、支持认同和业务指导，及时掌握动态、发现问题、采取措施、督促整改，增强大学生社会主义核心价值观教育机制创新效果。

第二，加强同级部门监督。充实监督队伍，提升监督人员水平，加强监督人员道德修养，增强监督队伍的战斗力。同时，通过包括评估指标的选择、评估指标的权重、评估指标的修正、评估指标的实测在内的监督实效评估体系进行科学评估，增强监督的针对性和规范性，促进同级部门监督更主动、更有效，更好地发挥大学生社会主义核心价值观教育机制各要素自动运行的闭环作用。

第三，促进高校领导部门监督。监督机制要按照层级关系和职能关系来运行，高校领导部门手握的执法、管理和自由裁量权较大，能够对大学生社会主义核心价值观教育机制创新实施经常性监督，及时发现和纠正大学生社会主义核心价值观教育机制创新中出现的偏差，不断完善工作机制和工作制度。同时，更要加大监督力度，提高监督实效，使高校领导部门监督工作更加规范有序，不断提高决策水平。

综上所述，完善职能部门监督机制，要强化上级主管部门监督，加强同级部门监督，促进高校领导部门监督。根据各职能部门的工作性质、职能范围和任务部署发挥查看、督促和管理作用，依法依规依纪履行监督职责，扩大监督渠道，细化监督内容，提升监督水平，丰富监督手段，增强监督实效，改善管理，提高效能，促进大学生社会主义核心价值观教育机制创新。

三、保障机制

保障机制是指用保障的手段发挥保障的功能。这种机制一般有提供经费和设备等物质条件的经济保障机制，提供管理和服务等顶层设计的组织保障机制，提供观念导向、政策支持和制度保障等精神条件的法治保障机制。当代大学生社会主义核心价值观教育系统工程的有效运行依赖于完善的保障机制。健全大学生社会主义核心价值观教育机制创新的保障机制，要健全经济保障机制，优化组织保障机制，完善法治保障机制。

（一）健全经济保障机制

唯物史观认为，经济基础决定上层建筑。马克思在《〈政治经济学批判〉序言》中明确指出："人们在自己生活的社会生产中发生一定的、必然的、不以他们的意志为转移的关系，即同他们的物质生产力的一定发展阶段相适合的生产关系。这些生产关系的总和构成社会的经济结构，即有法律的和政治的上层建筑竖立其上并有一定的社会意识形式与之相适应的现实基础。物质生活的生产方式制约着整个社会生活、政治生活和精神生活的过程。不是人们的意识决定人们的存在，相反，是人们的社会存在决定人们的意识。"[1]中国特色社会主义经济建设为大学生社会主义核心价值观教育提供物质基础，经济保障是大学生社会主义核心价值观教育机制创新重要而关键的前提。健全经济保障机制，要加大资金保障力度，增强校际资源整合，提高社会力量支持，建立资金来源多渠道、保障方式多层次的经济保障体系，确保资金足额拨付、及时到位、合理使用，通过各项举措的落实促进大学生社会主义核心价值观教育机制创新。

第一，加大资金保障力度。高校是提供公共产品的事业单位，落实经费是大学生社会主义核心价值观教育的根本保障。随着高等教育快速发展，实现高等教育大众化后，政府应加大资金保障力度，统筹安排好大学生社会主

---

[1]　《马克思恩格斯选集》（第二卷），人民出版社，2012 年，第 2 页。

义核心价值观教育的经费,纳入高校财政总预算,在人、财、物等方面提供经费支持,并积极争取多渠道增加经费投入,以确保大学生社会主义核心价值观教育机制创新工作顺利进行。

第二,增强校际资源整合。创新大学生社会主义核心价值观教育机制,必须以科学缜密的经济保障制度,集聚校际资源,优化资源配置,积极提高经费的使用效率。同时,坚持共享发展理念,利用社会资源拓展筹资渠道,充分发挥各高校的优势资源,增强校际资源整合,对不同来源、不同层次、不同内容的资源进行选择、配置与融合,实现大学生社会主义核心价值观教育资源的彼此融合和共同发展。

第三,提高社会力量支持。当前很多高校通过多种渠道增强对大学生社会主义核心价值观教育的经费投入。在此基础上还应提高社会力量支持,倡导和鼓励承担社会责任、注重社会效益,建立健全社会力量支持大学生社会主义核心价值观教育的长效机制,加强党政机关和国有企事业单位与高校的志愿服务和实践活动等内容的合作,为大学生社会主义核心价值观教育机制创新工作的顺利开展提供稳定的资金保障。

综上所述,健全经济保障机制,要加大资金保障力度,增强校际资源整合,提高社会力量支持。经济水平制约着教育发展的规模和速度,因此要在社会主义市场经济条件下,充分发展社会主义生产力,增强社会主义经济实力,保持经济持续健康发展,努力为大学生社会主义核心价值观教育机制创新提供物质支持和经济保障。

(二)优化组织保障机制

组织,在动态上是指分散的人或物形成一定的系统性和整体性的过程,在静态上是指有系统性和整体性的机构。邓小平指出:"领导制度、组织制度问题更带有根本性、全局性、稳定性和长期性。"①在大学生社会主义核心价值观教育机制创新中要坚持高校党委的全面领导和顶层设计，各职能部门具体履行和紧密配合，各院系具体推进和贯彻落实，实行党委、党总支、党支部三级责任机制。优化组织保障机制，要强化组织领导，促进组织指导，加强组织协调，切实发挥组织强有力的领导和指导作用。各级领导在组织实施规划过程中要统筹协调，全程监控，躬身指导，确保大学生社会主义核心价值观教育机制创新各项任务落到实处。

第一，强化组织领导。大学生社会主义核心价值观教育机制创新要有明确的教育策略和顶层设计。高校党委要认真学习、研究、贯彻党的路线、方针、政策，明确分工，落实责任，发挥党的政治优势和组织优势，发挥各级党组织的战斗堡垒作用，结合高校特点和大学生实际，对社会主义核心价值观教育做出全面部署和整体安排，构建主要领导亲自抓，分管领导具体抓，措施明确、责任到人的工作格局。

第二，促进组织指导。在高校统一规划的基础上加以统筹，着力吸引一批高水平、高素质的优秀人才为大学生社会主义核心价值观教育引领方向，高举党的旗帜，培育时代新人。提高处理各种利益关系的能力，把各方面的积极性引导好、保护好、发挥好，定期对大学生社会主义核心价值观教育机制创新进行客观评估并加以整合，形成全覆盖、广渗透、宽领域的融入格局。

第三，加强组织协调。高校各部门要密切协作，各司其职，各负其责，统筹兼顾，以整体推进工作，发挥组织的凝聚、协调、制约、激励功能，提升全局意识，强化责任意识，增强服务意识。有了分工协调的组织机构，还要进一步将党组成员的精神文化素质和一定的组织结构整合凝聚起来，形成一种常规化、制度化的组织保障，统筹全局，综合平衡，促进大学生社会主义核心价值观教育机制创新。

---

① 《邓小平文选》(第二卷)，人民出版社，1994年，第333页。

综上所述,优化组织保障机制,要强化组织领导,促进组织指导,加强组织协调,明确高校内各部门的分工职责,在教育活动的不同实施阶段,一级抓一级、层层抓落实,保证各项任务工作信息传递及时准确。以党总支为联络支点,各党支部保持联动,与职能部门紧密配合,既要保持纵向工作首尾衔接、程序畅通,又要树立全局观念,加强各总支与各责任人之间的协调沟通,保证大学生社会主义核心价值观教育机制创新环环相扣、前后相接,形成有序、高效、协调运行的工作状态。

(三)完善法治保障机制

社会主义核心价值观内含"公正"与"法治"的内容。法治就是维护社会公正的过程,任何个人或团体都不能超越法律享受特权,法律面前人人平等。2012 年 11 月,教育部印发的《全面推进依法治校实施纲要》就对全面依法行政、依法治校进行了详细全面的规定,有利于构建政府、学校、社会之间新型关系,加快建设现代学校制度。2014 年 10 月,党的十八届四中全会指出:"全面推进依法治国,总目标是建设中国特色社会主义法治体系,建设社会主义法治国家。"①2016 年 12 月,中共中央办公厅、国务院办公厅印发了《关于进一步把社会主义核心价值观融入法治建设的指导意见》,确立了运用法治推动社会主义核心价值观建设的基本方略,强调"社会主义核心价值观是社会主义法治建设的灵魂。把社会主义核心价值观融入法治建设,是坚持依法治国和以德治国相结合的必然要求,是加强社会主义核心价值观建设的重要途径。……法律法规体现鲜明的价值导向,社会主义法律法规直接影响人们对社会主义核心价值观的认知认同和自觉践行"②。2018 年 5 月,中

---

① 《中共中央关于全面推进依法治国若干重大问题的决定》,人民出版社,2014 年,第 4 页。
② 《中办国办印发〈关于进一步把社会主义核心价值观融入法治建设的指导意见〉》,《光明日报》,2016 年 12 月 26 日。

共中央印发《社会主义核心价值观融入法治建设立法修法规划》,进一步指出,"推动社会主义核心价值观入法入规,必须遵循的原则是:坚持党的领导,坚持价值引领,坚持立法为民,坚持问题导向,坚持统筹推进"①。法律法规是推广社会主流价值的重要保证,法治是成本最低、正义含量最高、稳定性最好的治理方式。推动社会主义核心价值观入法入规,为进一步推动实现良法善治指明了方向和路径。高校维护公正、加强法治,完善法治保障机制,就要运用法治思维,善用法治手段,弘扬法治精神,充分发挥法律的规范、引导、保障、促进作用,把社会主义核心价值观融入具体的规章、条例、制度之中,形成有利于大学生社会主义核心价值观教育机制创新的良好法治环境,用法律的权威来增强人们培育和践行社会主义核心价值观的自觉性。

第一,运用法治思维。树立法治思维首先要形成法治信仰,尊重法律权威,强化运用法律手段思考、分析、解决问题的思维方式。高校要按照《中华人民共和国高等教育法》等法律法规开展教育教学工作。同时,把法律规定、法律知识和法治理念渗透到大学生的内心深处,内化为大学生的思维习惯和行为方式,引导大学生尊法学法守法用法,树立社会主义法治理念,了解我国的法律制度和法律体系,了解宪法和法律的基本精神和内容,使大学生对法律有敬畏之心,正确地行使法律权利,忠实地履行法律义务,用法律的权威来增强大学生践行社会主义核心价值观的自觉性。

第二,善用法治手段。大学生社会主义核心价值观教育机制创新是一项非常精细的系统性工作,在很多方面具有相当大的灵活性,所以完善法治保障机制的关键不在于过分细致的规定,而在于善用法治手段进行规范和引导。制度是特定组织为了完成某项工作而制定的用以调节、引导、规范人们行为的措施、条例、计划、方案或规则,具有根本性、全局性、稳定性和长期

---

① 《中共中央印发〈社会主义核心价值观融入法治建设立法修法规划〉》,《光明日报》,2018 年 5 月 8 日。

性。保障教育机制创新的制度,就是高校为了调节、引导、规范有关部门和工作人员在该项工作中的行为而制定的措施、规划或工作指南,要善用这些法治手段保障大学生社会主义核心价值观教育机制创新。

第三,弘扬法治精神。高校要营造合情、合理、合法、合规的显性约束与隐性约束有机配合的环境氛围,增强大学生法律意识,提升大学生法治素养,加强大学生法治观念。推动中国特色社会主义法治理论进教材进课堂进头脑,弘扬法治精神,使大学生成为法治精神的承载者、传播者和践行者,将法治精神自觉转化为自己的思维方式、行为方式和生活方式。将抽象的法律条文变成大学生自觉遵守的行为准则,提升大学生对法律原理和概念的理解与把握、法律命题的推理与论证的能力,使大学生能够运用法律知识和法律规范思考、分析和解决法律问题,在实践中养成讲法律、讲证据、讲程序、讲法理的思维方式和依法办事的行为习惯。

综上所述,完善法治保障机制,要运用法治思维,善用法治手段,弘扬法治精神,本着科学合理的原则,制定规范,健全制度,使制度规范与法律约束相衔接,进行高校立德树人的总体规划。建立健全与高等教育法律法规相协调、与大学生成长成才相适应的制度体系,不断完善高校各项规范、准则、章程,让高校管理在各环节都有章可循,使大学生成为社会主义法治的忠实崇尚者、自觉遵守者、坚定捍卫者。

结　语

　　大学生社会主义核心价值观教育是新时代高校教育的重要组成部分。大学生正处于世界观、人生观、价值观形成和确立的关键时期,抓好这一时期的社会主义核心价值观教育非常重要。高校要在大学生的日常学习生活中积极倡导和有效融入社会主义核心价值观,通过教育、宣传和熏陶,使大学生提升思想道德素质和法治素养,将社会主义核心价值观内化于心、外践于行。

　　在经济全球化背景下,中国正日益走近世界舞台中央,当代大学生的精神风貌是国家形象和文化软实力的生动展现。一方面,我们要引领主流价值取向,使社会主义核心价值观转化为大学生的情感认同和行为习惯;另一方面,要抑制落后价值观,防止腐朽价值取向腐蚀大学生的思想。不仅要对大学生的行为进行科学的评价、监督和激励,还要对那些不符合甚至违背社会主义核心价值观要求的问题和偏差进行约束和纠正,将消极情感转化为积极情感,为大学生的价值选择和价值判断指明方向,提供价值遵循,形成思想自觉和行动自觉的良性互动。

　　机制不存在永远不变的模式。只有坚持与时俱进,结合大学生思想不断发展变化的实际，创新大学生社会主义核心价值观教育机制，才能跟上时代的步伐，处理好继承传统与创新发展的关系。一方面，继承传统就是在保留事物延续所存在的肯定性因素的同时，去除使事物走向灭亡的否定性因素；另一方面，创新并不是盲目地变化，而是对于前人或者今人合乎事物发展规律认知基础上的创造性转化和创新性发展。我们既要坚持自主学习，以谦虚、开放的态度，借鉴成功做法及先进经验，又要反对盲目排外和全盘否定，注重消化吸收。大学生社会主义核心价值观教育机制创新是一个系统工程，这一领域的研究还有待进一步深化，大学生社会主义核心价值观教育机制创新任重而道远。

参考文献

一、经典著作

1.《马克思恩格斯选集》(第一卷),人民出版社,2012 年。

2.《马克思恩格斯文集》(第三卷),人民出版社,2009 年。

3.《马克思恩格斯全集》(第 19 卷),人民出版社,1963 年。

4.《马克思恩格斯全集》(第 26 卷Ⅲ),人民出版社,1974 年。

5.《马克思恩格斯全集》(第 30 卷),人民出版社,1995 年。

6.《马克思恩格斯全集》(第 35 卷),人民出版社,2013 年。

7.《列宁选集》(第一卷),人民出版社,2012 年。

8.《列宁全集》(第 6 卷),人民出版社,2013 年。

9.《列宁全集》(第 27 卷),人民出版社,1990 年。

10.《毛泽东文集》(第一 —二卷),人民出版社,1993 年。

11.《毛泽东选集》(第三卷),人民出版社,1991 年。

12.《邓小平文选》(第一 —二卷),人民出版社,1994 年。

13.《邓小平文选》(第三卷),人民出版社,1993 年。

14.《江泽民文选》(第三卷),人民出版社,2006年。

15.《胡锦涛文选》(第二卷),人民出版社,2016年。

16.《习近平谈治国理政》(第一卷),外文出版社,2018年。

17.《习近平谈治国理政》(第二卷),外文出版社,2017年。

18.《习近平谈治国理政》(第四卷),外文出版社,2022年。

19.《习近平著作选读》(第一——二卷),人民出版社,2023年。

20.中共中央宣传部:《习近平新时代中国特色社会主义思想学习纲要(2023年版)》,学习出版社,人民出版社,2023年。

21.中共中央文献研究室编:《毛泽东邓小平江泽民论世界观、人生观、价值观》,人民出版社,1997年。

22.中共中央文献研究室编:《十六大以来重要文献选编(下)》,中央文献出版社,2008年。

23.中共中央文献研究室编:《十八大以来重要文献选编(上)》,中央文献出版社,2014年。

24.中共中央文献研究室编:《十八大以来重要文献选编(中)》,中央文献出版社,2016年。

25.中共中央文献研究室编:《十九大以来重要文献选编(中)》,中央文献出版社,2021年。

26.中共中央宣传部:《习近平总书记系列重要讲话读本》,学习出版社,人民出版社,2016年。

二、中文著作

1.本书编写组:《培育和践行社会主义核心价值观大学生读本》,中国言实出版社,2015年。

2.本书编写组:《培育和践行社会主义核心价值观》,人民出版社,2014年。

3.本书编写组:《社会主义核心价值观学习读本》,新华出版社,2013 年。

4.陈洁:《当代大学生核心价值观教育研究》,吉林大学出版社,2015 年。

5.陈新汉:《社会主义核心价值体系研究》,上海人民出版社,2008 年。

6.陈芝海:《大学生社会主义核心价值观教育研究》,光明日报出版社,2013 年。

7.陈志军、浦解明、左益等:《社会主义核心价值体系融入大学生思想政治教育全过程研究》,光明日报出版社,2009 年。

8.崔华前:《当代大学生社会主义核心价值体系教育机制研究》,合肥工业大学出版社,2012 年。

9.戴钢书等:《大学生社会主义核心价值理念培育质性研究》,人民出版社,2008 年。

10.戴木才:《中国人的美德与核心价值观》,中国人民大学出版社,2015 年。

11.戴艳军、吴桦:《大学生与社会主义核心价值观》,中国文史出版社,2014 年。

12.杜晶波、张慧欣:《大学生社会主义核心价值观培育路径研究》,东北大学出版社,2014 年。

13.冯虞章、李崇富:《毛泽东人生价值理论研究》,中共中央党校出版社,1993 年。

14.宫志峰、李纪岩、李在武:《大学生社会主义核心价值体系建设研究》,人民出版社,2012 年。

15.顾明远:《中外教育思想概览》,广东教育出版社,2009 年。

16.广东省教育系统关心下一代工作委员会:《践行社会主义核心价值观:大学读本》,广东教育出版社,2015 年。

17.郭建宁:《社会主义核心价值观基本内容释义》,人民出版社,2014年。

18.韩丽颖:《当代大学生核心价值观教育研究》,人民出版社,2014 年。

19.韩振峰:《马克思主义在中国的新发展》,中国社会科学出版社,2008 年。

20.韩振峰:《马克思主义中国化理论与实践研究》,中华书局,2014 年。

21.韩振峰:《社会主义核心价值观基本问题研究报告》,社会科学文献出版社,2019 年。

22.韩震:《社会主义核心价值观的话语构建与传播》,中国人民大学出版社,2019 年。

23.韩震:《社会主义核心价值观新论:引领社会文明前行的精神指南》,中国人民大学出版社,2014 年。

24.韩震:《社会主义核心价值体系研究》,人民出版社,2007 年。

25.黄钊:《中国古代德育思想史论(上、下)》,中国社会科学出版社,2011 年。

26.教育部法制办公室编:《中华民共和国教育法律法规规章汇编》,华东师范大学出版社,2010 年。

27.教育部思想政治工作司组编:《加强和改进大学生思想政治教育重要文献选编(1978—2014)》,知识产权出版社,2015 年。

28.李德顺:《价值论:一种主体性的研究》(第 3 版),中国人民大学出版社,1987 年。

29.李纪岩:《当代大学生社会主义核心价值观培育研究》,山东人民出版社,2013 年。

30.李连科:《哲学价值论》,中国人民大学出版社,1991 年。

31.李前进:《我国大学生社会主义核心价值体系教育研究》,上海三联书店,2014 年。

32.李文信:《大学生核心价值观教育创新论》,阳光出版社,2011 年。

33.刘济良等:《价值观教育》,教育科学出版社,2007 年。

34.刘书林:《社会思潮与青年教育》,高等教育出版社,2010 年。

35.刘顺厚:《青年学生社会主义核心价值观的培育和践行——基于多元

文化的视角》,复旦大学出版社,2015 年。

36.马德普:《社会主义基本价值论》,中央编译出版社,1997 年。

37.钱广荣:《社会主义核心价值观教育(大学生读本)》,安徽大学出版社,2014 年。

38.邱国勇:《社会主义核心价值观教育研究》,人民出版社,2014 年。

39.任仲文编:《人民日报重要言论汇编:培育和践行社会主义核心价值观》,人民日报出版社,2014 年。

40.任仲文编:《学习习近平总书记系列讲话精神》,人民日报出版社,2014 年。

41.阮青:《价值哲学》,中共中央党校出版社,2004 年。

42.孙培青:《中国教育史》(第 3 版),华东师范大学出版社,2009 年。

43.孙伟平:《价值哲学方法论》,中国社会科学出版社,2008 年。

44.谈松华:《中国高等学校思想政治教育史纲》,高等教育出版社,1992 年。

45.田海舰:《培育和践行社会主义核心价值观多维研究》,人民出版社,2015 年。

46.田海舰:《社会主义核心价值观研究》,河北大学出版社,2008 年。

47.田海舰:《社会主义核心价值体系培育纲要》,人民出版社,2012 年。

48.田海舰,邹卫:《社会主义核心价值观论纲》,人民出版社,2010 年。

49.王长乐:《教育机制论》,吉林人民出版社,2001 年。

50.王嘉、戴艳军:《高校社会主义核心价值体系教育的理论与实践》,人民出版社,2012 年。

51.王磊:《马克思恩格斯论道德》,人民出版社,2011 年。

52.王双群:《培育社会主义核心价值观研究:以思想政治理论课教育教学为例》,中国社会科学出版社,2015 年。

53.王万军:《新时期大学生核心价值观研究》,吉林大学出版社,2015年。

54.王玉樑:《当代中国价值哲学》,人民出版社,2004年。

55.王玉樑:《价值和价值观》,陕西师范大学出版社,1988年。

56.王玉樑:《价值哲学》,陕西人民出版社,1989年。

57.王玉樑:《价值哲学新探》,陕西人民出版社,1993年。

58.王玉樑:《21世纪价值哲学:从自发到自觉》,人民出版社,2006年。

59.武东生等:《中国古代思想政治教育史》,南开大学出版社,2013年。

60.谢晓娟:《大学生价值观现状研究报告》,辽宁大学出版社,2015年。

61.徐海波:《大学生德育与价值观教育研究》,江西人民出版社,2012年。

62.徐园媛、李思雨、罗二鹏:《大学生社会主义核心价值观教育长效机制构建》,西南交通大学出版社,2015年。

63.徐园媛、谭自慧、罗二鹏:《大学生社会主义核心价值观教育创新模式构建》,西南交通大学出版社,2014年。

64.许启贤:《中国共产党思想政治教育史》,中国人民大学出版社,1999年。

65.杨业华:《当代中国大学生核心价值观研究》,人民出版社,2011年。

66.喻嘉乐:《新时代研究生群体社会主义核心价值观教育研究》,浙江大学出版社,2015年。

67.袁贵仁:《价值观的理论与实践:价值观若干问题的思考》,北京师范大学出版社,2006年。

68.袁贵仁:《价值学引论》,北京师范大学出版社,1991年。

69.张立成等:《大学生社会主义核心价值体系教育研究》,北京师范大学出版社,2013年。

70.张明海:《社会主义核心价值观融入高校思政理论课教学研究》,人民出版社,2022年。

71.郑永廷:《现代思想道德教育理论与方法》,高等教育出版社,1999年。

72.中共中央办公厅:《关于培育和践行社会主义核心价值观的意见》,人民出版社,2013 年。

73.《中共中央关于全面推进依法治国若干重大问题的决定》,人民出版社,2014 年。

74.《中共中央关于制定国民经济和社会发展第十三个五年规划的建议》,人民出版社,2015 年。

75.中共中央宣传部:《社会主义核心价值体系学习读本》,学习出版社,2009 年。

76.中共中央宣传部:《习近平新时代中国特色社会主义思想三十讲》,学习出版社,2018 年。

77.中共中央宣传部宣传局、中央电视台《国魂》摄制组编著:《国魂:社会主义核心价值观全民阅读通识读本》,中国民主法制出版社,2015 年。

78.周中之、石书臣:《社会主义核心价值体系教育探索》,上海人民出版社,2007 年。

79.邹宏秋:《社会主义核心价值体系教育论纲》,浙江大学出版社,2008 年。

三、学术论文

1.艾文礼:《培育和弘扬社会主义核心价值观要做到"知、信、行、成"》,《红旗文稿》,2014 年第 7 期。

2.包新春:《独立学院社会主义核心价值观教育机制探究》,《学校党建与思想教育》,2015 年第 9 期。

3.陈延斌:《高校要坚持不懈培育和弘扬社会主义核心价值观》,《马克思主义与现实》,2017 年第 5 期。

4.陈章龙:《当代大学生社会主义核心价值观教育共识机制问题研究》,《毛泽东邓小平理论研究》,2010 年第 7 期。

5.戴木才、田海舰:《论社会主义核心价值体系与核心价值观》,《中国党政干部论坛》,2007 年第 2 期。

6.戴木才、田海舰:《社会主义核心价值体系建设需要深化大学的若干理论问题》,《马克思主义研究》,2009 年第 9 期。

7.戴木才:《我们应该成为什么样的公民》,《求是》,2014 年第 7 期。

8.邓斌、黄金龙:《社会主义核心价值观贯穿高校思政课教学的逻辑理路与实践探索》,《学校党建与思想教育》,2023 年第 11 期。

9.邓纯余:《高校社会主义核心价值观培育长效机制运行探究》,《学校党建与思想教育》,2015 年第 23 期。

10.杜晓光:《论建立大学生社会主义核心价值观教育机制》,《淮南职业技术学院学报》,2018 年第 3 期。

11.杜欣、施惠玲:《社会主义核心价值观的政治传播面向》,《北京交通大学学报》(社会科学版),2017 年第 1 期。

12.高地:《社会主义核心价值体系融入大学生思想政治教育的载体研究》,《东北师范大学学报》(哲学社会科学版),2009 年第 5 期。

13.高延春:《以社会主义核心价值体系引领大学生文化素质教育》,《延安大学学报》,2009 年第 4 期。

14.共青团中央书记处:《用社会主义核心价值观培育当代新青年——学习习近平总书记关于在青少年中培育和践行社会主义核心价值观的重要论述》,《求是》,2015 年第 5 期。

15.郭欣、张群:《利用新媒体加强大学生社会主义核心价值观教育研究》,《辽宁工业大学学报》(社会科学版),2018 年第 2 期。

16.韩庆祥:《论建设社会主义核心价值体系的现实意义》,《党政干部论坛》,2007 年第 10 期。

17.韩振峰:《把社会主义核心价值体系融入高校思想政治教育的长效机制》,《思想政治工作研究》,2012 年第 4 期。

18.韩振峰:《略论把社会主义核心价值体系融入国民教育全过程》,《教育与职业》,2007 年第 21 期。

19.韩振峰:《略论社会主义核心价值体系的内在逻辑结构》,《山西高等学校社会科学学报》,2007 年第 10 期。

20.韩振峰:《社会主义核心价值观的基本内涵与重大意义》,《思想政治工作研究》,2012 年第 12 期。

21.韩振峰:《社会主义核心价值体系的时代价值》,《中国延安干部学院学报》,2012 年第 4 期。

22.韩振峰:《文明:社会主义核心价值观的文化价值目标》,《社会主义核心价值观研究》,2016 年第 4 期。

23.韩振峰:《习近平关于社会主义核心价值观的十个基本思路——学习习近平总书记系列重要讲话体会之八十三》,《前线》,2015 年第 4 期。

24.韩震:《大学要创造性地培育践行核心价值观》,《中国高等教育》,2015 年第 5 期。

25.郝琦、房磊:《大学生践行社会主义核心价值观的教育机制研究》,《学校党建与思想教育》,2015 年第 12 期。

26.侯坤、许静波:《新时代大学生社会主义核心价值观教育的美育路径研究》,《思想政治教育研究》,2021 年第 4 期。

27.侯兆然:《大学生社会主义核心价值观教育环境的优化机制》,《新课程研究》,2014 年第 8 期。

28.胡金木:《核心价值观教育的现实困境及其改善机制》,《江苏高教》,2015 年第 5 期。

29.黄蓉生等:《社会主义核心价值体系视域下大学生思想政治教育创新》,《思想理论教育》,2008 年第 5 期。

30.黄义灵、王萍:《马克思主义人学视域下大学生社会主义核心价值观教育研究》，《学校党建与思想教育》，2020年第23期。

31.黄正刚：《加强民族高校学生核心价值观教育的机制建设》，《四川民族学院学报》，2014年第5期。

32.纪安玲、谢安国：《大学生社会主义核心价值观认同教育引导机制的四维构建》，《西安文理学院学报》（社会科学版），2018年第3期。

33.贾凌昌：《社会主义核心价值观大众传播的图像转换》，《伦理学研究》，2016年第7期。

34.贾凌昌、杨剑：《社会主义核心价值观的人内传播》，《华中科技大学学报》（社会科学版），2017年第5期。

35.金丽君、刘海峰：《构建多维有效的社会主义核心价值观教育实践机制》，《理论导报》，2014年第9期。

36.金伟、李宗良：《十八大以来社会主义核心价值观培育研究综述》，《思想理论教育导刊》，2015年第11期。

37.李宝艳：《以社会主义核心价值体系引领大学生价值观教育的历史视角》，《思想理论教育导刊》，2009年第6期。

38.李飞：《大学生社会主义核心价值观教育机制创新问题探论——以美国核心价值观教育为鉴》，《理论导刊》，2014年第10期。

39.李锦萍：《建立大学生核心价值观教育长效机制的思考》，《现代教育管理》，2013年第3期。

40.李慎明：《大力推进社会主义核心价值体系建设》，《理论前沿》，2007年第21期。

41.李世清：《大学生社会主义核心价值观培育的内生动力机制研究》，《学校党建与思想教育》，2016年第24期。

42.李爽、周玲微、刘芳：《大学生社会主义核心价值观认同践行长效机制探究》，《学校党建与思想教育》，2018年第17期。

43.李晓虹、魏晓文:《高校社会主义核心价值观协同教育机制探析》,《思想理论教育导刊》,2015 年第 10 期。

44.李一楠:《以红色社会实践活动推进大学生社会主义核心价值观教育的理性审视》,《思想理论教育导刊》,2019 年第 2 期。

45.李智慧:《用社会主义核心价值体系引领高校思想政治教育》,《学校党建与思想教育》,2009 年第 20 期。

46.廖桂芳、王延伟:《大学生核心价值观教育心理接受机制的构建与运行》,《重庆交通大学学报》(社会科学版),2011 年第 3 期。

47.林立涛:《大学生社会主义核心价值观培育评价机制构建研究》,《思想理论教育导刊》,2018 年第 6 期。

48.刘芳:《论大学生社会主义核心价值观内化教育的机制建构》,《前沿》,2012 年第 6 期。

49.刘光照:《大学生社会主义核心价值观教育机制创新研究》,《广西职业技术学院学报》,2009 年第 3 期。

50.刘云山:《着力培育和践行社会主义核心价值观》,《求是》,2014 年第 2 期。

51.陆树程、李瑾:《论当代大学生社会主义核心价值体系心理认同机制》,《思想理论教育导刊》,2009 年第 1 期。

52.陆岩、姜美玉:《社会思潮对高校师生核心价值观形成的影响》,《思想政治教育研究》,2011 年第 2 期。

53.陆岩、曲彦宇:《试论社会主义核心价值体系与大学文化的契合点》,《思想政治教育研究》,2013 年第 6 期。

54.吕规、黄义灵、韩柱:《大学生社会主义核心价值观培育探究》,《学校党建与思想教育》,2018 年第 12 期。

55.孟茹玉:《论价值认同的生成机制与教育理路》,《思想理论教育》,2019

年第 5 期。

56.彭小兰、李良成:《社会主义核心价值观教育的治理效能、现实挑战和机制构建》,《思想政治课研究》,2021 年第 1 期。

57.邱晖、张垚:《高校社会主义核心价值观教育的时代意蕴与实施路径》,《高教学刊》,2022 年第 14 期。

58.施惠玲:《社会主义核心价值传播中的两种张力关系》,《中国特色社会主义研究》,2012 年第 6 期。

59.石海兵、王苗:《习近平关于培育和践行社会主义核心价值观的思想图景》,《学校党建与思想教育》,2017 年第 9 期。

60.隋芳莉:《构建高校社会主义核心价值观教育评价长效机制研究》,《思想政治教育研究》,2021 年第 3 期。

61.孙雷、高晨光:《大学校训融入社会主义核心价值观教育的逻辑、张力和路径》,《学校党建与思想教育》,2021 年第 5 期。

62.孙绵涛、康翠萍:《教育机制理论的新诠释》,《教育研究》,2006 年第12 期。

63.田海舰:《社会主义核心价值体系的基本特征》,《思想政治工作研究》,2007 年第 6 期。

64.田新辉:《社会主义核心价值观与大学生思想政治教育融合机制》,《知识经济》,2014 年第 9 期。

65.田永静、陈树文:《加强大学生社会主义核心价值观教育有效途径探究》,《思想教育研究》,2010 年第 5 期。

66.万姗姗:《新媒体视阈下社会主义核心价值观教育的路径研究》,《中国高等教育》,2021 年第 21 期。

67.汪庆华:《高校构建培育和践行社会主义核心价值观协同机制探析》,《思想理论教育导刊》,2015 年第 8 期。

68.王芳、邢亮:《用社会主义核心价值体系引领大学生思想政治教育》,《思想政治教育研究》,2008 年第 2 期。

69.王功敏:《新媒体环境下大学生社会主义核心价值观教育的机制构建》,《思想政治教育研究》,2015 年第 9 期。

70.王金剑:《论大学生社会主义核心价值体系教育机制的构建》,《学校党建与思想教育》,2008 年第 3 期。

71.王丽君、侯丽娜:《大学生社会主义核心价值体系认同教育的研究与实践》,《思想政治教育研究》,2013 年第 5 期。

72.王娜、侯静:《大学生核心价值观教育的问题及路径探析》,《东北师大学报》(哲学社会科学版),2016 年第 1 期。

73.王晓莉:《把核心价值观教育融入高校教育全过程》,《人民论坛》,2018 年第 1 期。

74.王晓荣:《"中国近现代史纲要"教学中的社会主义核心价值体系教育》,《思想理论教育导刊》,2009 年第 6 期。

75.王雅瑞、曲建武:《把握好大学生社会主义核心价值观教育的"三个维度"》,《思想理论教育导刊》,2019 年第 10 期。

76.吴宏亮:《把社会主义核心价值体系融入大学生思想政治教育》,《高校理论战线》,2011 年第 4 期。

77.吴晓庆:《社会主义核心价值观教育对象的三个维度论析》,《思想理论教育导刊》,2021 年第 11 期。

78.吴欣遥、曾王兴、秦凯:《大学生社会主义核心价值观教育文化认同研究》,《思想理论教育导刊》,2016 年第 9 期。

79.肖如恩、程祥国:《培育和践行社会主义核心价值观的三重维度》,《求实》,2017 年第 6 期。

80.邢瑞娟:《社会主义核心价值观融入大学生思想政治教育的长效机制

探究》,《学校党建与思想教育》,2018 年第 9 期。

81.徐金超:《自媒体环境下大学生社会主义核心价值观教育探析》,《学校党建与思想教育》,2022 年第 6 期。

82.徐园媛、廖桂芳:《论大学生核心价值观教育心理接受机制的构建》,《学校党建与思想教育》,2012 年第 6 期。

83.徐园媛:《浅论大学生社会主义核心价值观教育接受机制的构建》,《教育与职业》,2010 年第 2 期。

84.薛明珠、陈树文:《社会主义核心价值观融入高校思想政治理论课的思考》,《北京交通大学学报》(社会科学版),2015 年第 3 期。

85.颜吾侟:《培育和践行社会主义核心价值观的实现途径》,《思想理论教育导刊》,2014 年第 7 期。

86.杨军、陈根:《价值澄清模式在大学生社会主义核心价值观教育中的应用分析》,《学校党建与思想教育》,2016 年第 8 期。

87.杨晓丹:《当代大学生价值观生成的动力机制研究》,《学校党建与思想教育》,2017 年第 10 期。

88.于俊如、许岩:《论当代大学生核心价值观的凝练》,《思想理论教育》,2012 年第 11 期。

89.袁贵仁:《建设社会主义核心价值体系》,《中国社会科学》,2008 年第 1 期。

90.曾永平:《论大学生社会主义核心价值观培育机制的构建》,《学校党建与思想教育》,2018 年第 5 期。

91.张国祚:《当代中国价值观必须以社会主义核心价值观为准绳》,《探索》,2016 年第 2 期。

92.张国祚:《高校应进一步加强社会主义核心价值体系教育》,《北京教育》(德育),2013 年第 2 期。

93.张健华:《高校思政课要加强质量自觉》,《中国高等教育》,2018 年第 8 期。

94.张立学、路日亮:《社会主义核心价值观融入高校党的建设路径探析》,《北京教育》(高教),2016 年第 10 期。

95.张耀灿:《构建社会主义核心价值观养成教育长效机制的思考》,《社会主义核心价值观研究》,2015 年第 1 期。

96.张在金:《关于培育和践行社会主义核心价值观长效机制建设的思考》,《学校党建与思想教育》,2018 年第 12 期。

97.张志祥、胡子鸣、张音宇:《大学生社会主义核心价值观教育机制的构建》,《黑龙江高教研究》,2010 年第 4 期。

98.张宗峰、焦娅敏:《社会主义核心价值观培育的文化认同机制探究》,《思想理论教育》,2017 年第 1 期。

99.周新亭:《社会主义核心价值观教育机制探析》,《社科纵横》,2014 年第 8 期。

四、学位论文

1.包志国:《中国共产党价值观教育研究(1949—1956)》,西南交通大学,2019 年。

2.陈松青:《文化视域下的社会主义核心价值观培育和践行》,武汉理工大学,2020 年。

3.方爱东:《社会主义核心价值观的发展历程及其当代建构》,安徽大学,2010 年。

4.郭朝辉:《大学生社会主义核心价值观的培育和践行研究》,中国矿业大学,2015 年。

5.郭婷:《社会主义核心价值观融入日常生活研究》,陕西师范大学,2019 年。

6.何美子:《新时代大学生社会主义核心价值观认同研究》,大连理工大学,2020年。

7.蒋翠婷:《社会主义核心价值观主导性研究》,上海师范大学,2018年。

8.蒋艳:《新时代大学生社会主义核心价值观教育模式建构研究》,中国矿业大学,2019年。

9.林敬平:《大学生社会主义核心价值观知行转化及其机制研究》,福建师范大学,2020年。

10.刘方方:《大学生社会主义核心价值观教育的接受机制研究》,河北大学,2017年。

11.刘峥:《大学生认同与践行社会主义核心价值观研究》,中南大学,2012年。

12.潘宛莹:《当代大学生公民层面社会主义核心价值观培育研究》,东北师范大学,2019年。

13.邱国勇:《社会主义核心价值观教育研究》,武汉大学,2013年。

14.宋伟:《社会主义核心价值观融入高校校园文化建设研究》,郑州大学,2016年。

15.孙建青:《当代中国大学生核心价值观教育问题研究》,山东大学,2014年。

16.孙杰:《当代中国社会主义核心价值观研究》,中共中央党校,2014年。

17.田海舰:《社会主义核心价值观研究》,中共中央党校,2008年。

18.王丽丽:《社会主义核心价值体系与大学生核心价值观构建研究》,东北师范大学,2013年。

19.王娜:《社会主义核心价值观实践养成机制研究》,东北师范大学,2021年。

20.王莹:《当代大学生价值观嬗变与培育研究》,北京交通大学,2017年。

21.吴晓庆:《习近平新时代价值观教育重要论述研究》,东北师范大学,2022年。

22.徐晓滢:《大学生社会主义核心价值观认知度研究》,东北师范大学,2019年。

23.曾永安:《社会主义核心价值观基本内容及其践行路径研究》,西安理工大学,2018年。

24.张文卿:《当代青年社会主义核心价值观培育研究》,北京交通大学,2016年。

25.赵天睿:《中国特色社会主义核心价值观的培育与践行研究》,东北师范大学,2017年。

26.周蓉辉:《中国特色社会主义核心价值观研究》,中共中央党校,2011年。

五、报纸文章

1.艾四林:《不断推动社会主义核心价值观落实落小落细》,《光明日报》,2020年5月2日。

2.《把思想政治工作贯穿教育教学全过程　开创我国高等教育事业发展新局面》,《光明日报》,2016年12月9日。

3.陈晋:《让社会主义核心价值观的培育更具感染力》,《光明日报》,2016年6月23日。

4.储朝晖:《用社会主义核心价值观铸魂育人》,《人民日报》,2023年2月2日。

5.邓堂莉:《把核心价值观贯穿高校教育全过程》,《人民日报》,2014年8月14日。

6.杜卫:《用传统文化涵养核心价值观教育》,《人民日报》,2015年9月15日。

7.方公彬:《当代青年的核心价值观》,《中国青年报》,2006 年 1 月 29 日。

8.方新军:《社会主义核心价值观融入民法典解释的意义和限度》,《光明日报》,2020 年 2 月 11 日。

9.郭娟:《大学生社会主义核心价值观塑造中的情感认同》,《光明日报》,2016 年 1 月 2 日。

10.韩振峰:《文明:社会主义的文化价值追求》,《人民日报》,2014 年 1 月 16 日。

11.韩震:《如何推动社会主义核心价值观入法入规》,《光明日报》,2018年 5 月 21 日。

12.韩震:《用社会主义核心价值观凝心聚力》,《光明日报》,2016 年 9 月 30 日。

13.何晓晴:《让大学生高度认同核心价值观》,《人民日报》,2014 年 3 月 20 日。

14.黄坤明:《培育和践行社会主义核心价值观》,《人民日报》,2017 年 11 月 17 日。

15.李建华、孙健:《民事立法要彰显社会主义核心价值观》,《光明日报》,2022 年 12 月 3 日。

16.李君如:《社会主义核心价值观:我们共同的追求,共同的坚守——兼谈怎样培育社会主义核心价值观》,《光明日报》,2014 年 7 月 28 日。

17.李明:《在传统节日文化中践行社会主义核心价值观》,《光明日报》,2020 年 1 月 23 日。

18.李小川:《把核心价值观内化为大学生的精神追求》,《光明日报》,2015 年 9 月 9 日。

19.刘贝贝、林建成:《培育大学生社会主义核心价值观认同的四个原则》,《光明日报》,2014 年 7 月 10 日。

20.刘晓红:《立德树人:践行社会主义核心价值观的重要维度》,《光明日报》,2018 年 8 月 30 日。

21.鲁篱、肖琴:《充分发挥社会主义核心价值观促进社会组织规范有序发展的作用》,《光明日报》,2022 年 6 月 14 日。

22.吕志胜:《培育和弘扬核心价值观是高校重要使命》,《人民日报》,2014 年 6 月 19 日。

23.全国人大常委会法制工作委员会国家法室:《建立国家功勋荣誉表彰制度 弘扬社会主义核心价值观》,《人民日报》,2022 年 10 月 2 日。

24.沈健:《以核心价值观引领高校校园文化建设》,《中国教育报》,2015 年 5 月 4 日。

25.石中英:《建立社会主义核心价值观教育长效机制》,《中国教育报》,2015 年 11 月 18 日。

26.陶韶菁:《如何增强大学生对社会主义核心价值观的认同》,《光明日报》,2016 年 6 月 9 日。

27.田克勤:《社会主义核心价值观与"四个全面"战略布局》,《光明日报》,2016 年 2 月 28 日。

28.汪信砚:《社会主义核心价值观与当代中国文化软实力建设》,《光明日报》,2019 年 3 月 4 日。

29.王金海:《高校践行社会主义核心价值观十个路径》,《光明日报》,2016 年 9 月 13 日。

30.王莹:《增强大学生对社会主义核心价值观的认同》,《人民日报》,2015 年 12 月 20 日。

31.吴舸:《营造大学生核心价值观教育的无形环境》,《光明日报》,2015 年 8 月 26 日。

32.吴潜涛:《紧扣社会主义核心价值观教育主题》,《中国教育报》,2016年

3 月 3 日。

33.徐丹:《在特殊时期上好社会主义核心价值观这一课》,《光明日报》,2020 年 5 月 5 日。

34.晏然:《弘扬社会主义核心价值观贵在知行合一》,《光明日报》,2018年8 月 15 日。

35.袁贵仁:《坚持立德树人加强社会主义核心价值观教育》,《人民日报》,2014 年 5 月 23 日。

36.仇媛:《如何加强大学生社会主义核心价值观教育》,《光明日报》,2016年 8 月 13 日。

37.《中共中央办公厅、国务院办公厅印发〈关于进一步把社会主义核心价值观融入法治建设的指导意见〉》,《光明日报》,2016 年 12 月 26 日。